ARQUITECTONICS
MIND, LAND & SOCIETY

14

LA ENSEÑANZA DE LA ARQUITECTURA COMO POÉTICA

ALFRED LINARES I SOLER

Director de la colección:
Josep Muntañola Thornberg

Co-dirección:
Magda Saura Carulla

Primera edición: septiembre de 2006
Reimpresión: junio de 2010

Dibujo y fotografía de la portada: Alfred Linares
Fotografía: Cementerio del bosque, Stockholm, de Erik Gunnar Asplund

©   Alfredo Linares, 2006

©   Edicions UPC, 2006
       Edicions de la Universitat Politècnica de Catalunya, SL
       Jordi Girona Salgado 31, Edifici Torre Girona, D-203, 08034 Barcelona
       Tel.: 934 015 885   Fax: 934 054 101
       Edicions Virtuals: www.edicionsupc.es
       E-mail: edicions-upc@upc.edu

Producción: LIGHTNING SOURCE

Correspondencia y suscripciones:
Grup Internacional de Recerca en Arquitectura
i Societat. GIRAS
Departamento de Proyectos Arquitectónicos.
Escola Tècnica Superior d'Arquitectura de Barcelona
Universitat Politècnica de Catalunya. UPC
Avgda. Diagonal, 649, 5è. 08028, Barcelona
Tel: 93 401 58 72
Fax: 93 401 63 93
E-mail: newsletter.pa@upc.es

Depósito legal: B-37927-2006
ISBN: 978-84-8301-874-3
ISSN: 1579-4431

Cualquier forma de reproducción, distribución, comunicación pública o transformación de esta obra solo puede ser realizada con la autorización de sus titulares, salvo excepción prevista por la ley. Diríjase a CEDRO (Centro Español de Derechos Reprográficos, www.cedro.org http://www.cedro.org) si necesita fotocopiar o escanear algún fragmento de esta obra.

A mis padres

Índice

	Prólogo	5
I	Una definición de arquitectura	11
	Una definición de arquitectura	11
II	Posibilidad de una enseñanza de la arquitectura	21
	La enseñanza de la arquitectura	21
	Innatismo *versus* aprendizaje	25
	Del usar al producir arquitectura	29
III	De la institución de la arquitectura	35
	Introducción	35
	La arquitectura como institución	35
	La institución y la tratadística	38
	De la institución a la disciplina	42
	La arquitectura como *langue*	44
	La analogía	48
	Conclusión	52
IV	De la analogía a la poética	55
	Introducción	55
	La continua transformación de la arquitectura	56
	El objeto de la imitación arquitectónica	62
	Poética y arquitectura	66
V	La enseñanza de la arquitectura como poética	73
	Poética y pedagogía de la arquitectura	73
	La tragedia como pedagogía	79
	La construcción de un poema pedagógico	88

VI	El poema como pedagogía	93
	La acción completa	93
	Los mitos	97
	La enseñanza como juego	105
	Los medios de la representación	106
	Las formas de la poesía	108
VII	La pedagogía del reconocimiento	115
	La figura del reconocimiento	115
	La *cita* como reconocimiento	117
	Contexto y reconcimiento	122
	Reconocimiento y acción	124
	Clasificación de los tipos de estrategias	129
VIII	Poética y aprendizaje	133
	Posibilidad de una enseñanza de la arquitectura	133
	Arquitectura, de lo individual a la institución	134
	La arquitectura y la analogía	135
Bibliografía		137

Prólogo

El objeto de esta tesis se sitúa en el campo general de la enseñanza, y en el de la enseñanza de la arquitectura en particular. Reflexionar sobre los procesos que hacen posible la transmisión del conocimiento de la arquitectura aparece como un tema prioritario para aquellos que de una u otra forma estamos relacionados con su enseñanza.

Sorprende al iniciar un estudio del problema de la enseñanza de la arquitectura la escasa cantidad de información que sobre el tema se encuentra. La información específica acerca de la enseñanza no abunda, y en la mayoría de los casos no está dedicada a la enseñanza de la arquitectura, sino qué se deduce de una información dispersa y relacionada con la enseñanza del arte en general.

Existen, y no son inusuales, los estudios e informes sobre los programas educativos de distintas instituciones que de una u otra manera, se han especializado en la enseñanza de la arquitectura, o mejor del arte, especialmente de aquellas facetas al margen de las artes plásticas.

De otra parte, esa información se dirige a presentar de forma más o menos detallada los contenidos pedagógicos de escuelas o instituciones, instituciones que son cambiantes en función de las variaciones que sufre la situación histórico-social en la que se desarrolla su actividad docente. Pero lo que no suele reflejarse en esos informes es de qué modo se produce la transmisión del conocimiento arquitectónico, si esta transmisión es posible, o bien si ese tipo de conocimiento de la realidad que supone la arquitectura es un conocimiento intransmisible.

De la actividad académica, de los contactos e influencias de otros profesores, de la relación diaria con los alumnos, en fin de la experiencia pedagógica en la escuela, de esta escuela y de otras, se desprende de una manera vaga e indefinida, pero constante, una cierta pedagogía. Pedagogía que se deduce más de frases comunes, gestos, intuiciones, que de la clara explicitación de una manera común de "enseñar" a hacer arquitectura.

La explicación por parte de cada uno de nosotros de su manera de enseñar a proyectar es diversa, en ocasiones parece incluso que ésta sea antagónica, pero en el fondo subyace una manera de hacer, que es más común de lo que quisiéramos que pareciera.

A partir de esta mínima base común, este trabajo pretende construir una pedagogía aplicada a la arquitectura, pedagogía de aquellos aspectos que por ser los más creativos y por tanto, a priori, los más personales, parecen más difíciles de transmitir al alumno que se inicia en el arte de la arquitectura.

Por tanto, pretendo reflexionar sobre la enseñanza de la arquitectura entendida como actividad fundamentalmente artística, es decir en la faceta más creativa que la profesión presenta. Arquitectura como invención, lo que supone siempre la dificultad de la falta de referencias, del crear desde la nada, desde la subjetividad del individuo, que sólo puede confiar en su "genialidad", en el lenguaje de la diferencia, que al fin es lo que le permitirá marcar distancias respecto de los demás inventores.

Aquí radica la principal dificultad de una pedagogía de la arquitectura, en cómo objetivar la invención, que por definición parece el aspecto más subjetivo de la actividad del arquitecto. Por tanto, el primer problema reside en cómo objetivar aquello que por su propia definición parece ser esencialmente subjetivo.

Otro de los temas que plantea la enseñanza de la arquitectura es el de su propia especificidad, es decir qué tipo de relación se puede establecer con lo que se denomina la *práctica* profesional. Desde mi punto de vista, y como dato apriori que será preciso demostrar, la enseñanza de la arquitectura es un proceso autónomo, radicalmente distinto de la práctica de la arquitectura. Por ello demostraré que el desarrollo de esta actividad precisa de unos conocimientos específicos, fundamentalmente distintos de los conocimientos que se ponen en juego en el momento del acto creativo. No existe, desde mi punto de vista, una subordinación de una respecto de la otra, sino que son actividades claramente diferenciadas que en ocasiones pueden ser complementarias y sólo excepcionalmente equivalentes. El profesor de proyectos no es, por tanto, un profesional que se explica, es decir que explica su obra, sino que debe poseer unos conocimientos específicos, distintos de los que se ponen en juego en el ejercicio de su práctica profesional.

No es infrecuente el caso de profesionales que poseen un alto grado de calificación, fundamentalmente en los aspectos más creativos de la práctica profesional y que, por el contrario, su labor como profesores es cuando menos discutible.

Ello es así principalmente porque la explicación de la experiencia personal, aunque pueda ser interesante como un aspecto más de la información necesaria para la formación de un futuro arquitecto, no es en absoluto lo esencial para formar a un arquitecto.

Demostraré también que esa actividad específica que damos en llamar *enseñanza de la arquitectura* es *per se* un acto creativo de similar naturaleza al acto de creación artística, lo que permite hablar en el caso del profesor preocupado de la enseñanza de las disciplinas artísticas en general de un profesor-poeta.

Esta idea, central en mi trabajo, del profesor-poeta en el sentido aristotélico del término, parece en principio de difícil justificación. Ello es así fundamentalmente por el hecho de que la poética aristotélica ha sido, como muy justamente demuestra Weinberg,[1] constantemente mal interpretada. Lo que aquí pretendo demostrar es, precisamente, que esa capacidad poética del profesor no depende en absoluto del objeto que el alumno le presenta, sino que es una construcción del profesor que, a partir de ese momento, construye un poema a partir de los datos que le proporciona el alumno. Pero, repito, esa construcción no está hecha para ser comprendida por un determinado tipo de espectador, frente al que adquiriría significado, sino que si tiene algún sentido éste está precisamente en su calidad como poema.

Concluimos con ello estableciendo dos aspectos fundamentales de la práctica de la enseñanza artística: de un lado esta actividad es específica y no está subordinada a otra distinta de ella, y, de otro, esta actividad específica es además un acto creativo en sí mismo. El buen profesor-poeta al ejercitar la enseñanza, produce un poema, que es singular en cada caso y es único y por tanto se configura como invención, que si consigue su objetivo, es decir mejorar el conocimiento del alumno, tiene la estructura interna de un poema.

La esencialidad del proceso de enseñanza que establecemos como punto de partida desde el que comenzar a trabajar la confiamos a lo que Alois Riegl[2] llamó *Kunst volent*; es decir la voluntad artística, la voluntad de querer producir arte. Esta voluntad, entendida desde el individuo, se podría traducir como *voluntad de estilo*. Voluntad de estilo que quiere decir definir la propia personalidad como diseñador. En ese proceso de reconocimiento, y por tanto de afirmación, radica, desde mi punto de vista, el verdadero aprendizaje de la arquitectura. Aprendizaje, pues, como afirmación personal, o lo que es lo mismo, voluntad de establecer diferencias con los demás diseñadores. Por tanto y como punto previo a discutir está esa idea de enseñanza de la arquitectura en tanto que proceso de la diferencia.

Luego en principio un buen profesor será aquel capaz de ayudar al alumno a definir sus rasgos característicos como *artista*. Aquellos que permitirán diferenciarlo de los demás. Bien entendido que la labor del pedagogo es siempre incompleta, y se refiere siempre a un estado inicial, punto mínimo de partida desde el cual el ya arquitecto inicia su experiencia profesional. Con ello queremos indicar que el *estilo* de un diseñador es algo siempre cambiante, no estático, y que por tanto no puede ser definido de una vez y para siempre.

El estilo visto pues como un sistema dinámico, en continuo proceso de transformación, un sistema en equilibrio inestable, que se reequilibra constantemente en función de las nuevas experiencias. Cada nueva experiencia, en cierta manera, obliga a reconsiderar todo el sistema.

Este es en definitiva el sino del *artista*, este continuo reelaborar los presupuestos desde los que se producen las nuevas propuestas; eso o repetirse una y mil veces.

Por tanto el buen profesor es aquel capaz no solo de producir un primer nivel de equilibrio, sino ante todo dotar al alumno de la posibilidad de reproducir el proceso por sí mismo.

Es también objetivo de este trabajo establecer qué entendemos por capacidad mínima del alumno. Por mi experiencia en la escuela, y experiencia además en un curso avanzado, he podido comprobar con sorpresa que no es difícil encontrar alumnos con un grado de preparación bastante deficiente, en una escuela que por otra parte posee un nivel de preparación de sus alumnos muy elevado. Este hecho me ha llevado siempre a preguntarme el porqué de esos fracasos, en algunos casos espectaculares, y con alumnos que por otra parte demuestran un grado de inteligencia en otros campos del conocimiento no desdeñable. Esto lleva implícita en el campo de las disciplinas artísticas, como es el caso de la arquitectura, una respuesta que por su inmediatez me ha producido siempre un profundo desasosiego. La respuesta suele ser que aquel alumno ha equivocado su elección y que debería haber cursado otros estudios. En otras palabras, ese alumno no está dotado para la arquitectura o, lo que es lo mismo, no ha nacido para ser arquitecto. Pero esta respuesta deja siempre abiertos muchos interrogantes: ¿Tenemos capacidad para saber en su momento las futuras posibilidades de un alumno? ¿Es cierto que hay alumnos con una capacidad intelectual suficiente, pero que no pueden ser arquitectos? ¿Sabemos cuándo? Responder a todas estas cuestiones es fundamental para establecer una pedagogía de la arquitectura.

De aquí, como un intento de dar respuesta a todas esas cuestiones, nace la voluntad de esta tesis. En demasiadas ocasiones abandonamos al alumno a su suerte, que no suele ser excesivamente afortunada en la mayoría de los casos. Esta sensación de impotencia o quizás de desconocimiento por nuestra parte me ha llevado a intentar, a través de este trabajo, encontrar respuestas.

No creo que hayan incapacidades invencibles en los alumnos que cursan sus estudios de arquitectura, salvo aquellas imputables a su inteligencia general y que por tanto le harían incapaz no sólo de acceder a los estudios de arquitectura, sino también a cualquier otro tipo de estudio que emprendiera. Por tanto creo que cualquier persona, con una capacidad intelectual mínima, es capaz de alcanzar una capacitación en el campo de la arquitectura, que si bien no le lleva a ser aquello que denominamos *genio* sí le permite desarrollar con total corrección la arquitectura. Por tanto cualquier persona que alcance un nivel intelectual suficiente para ser estudiante en cualquier especialidad universitaria es capaz de acceder al conocimiento de la arquitectura, pero no sólo a su conocimiento, sino a través de él a la posibilidad de ejercerla en el sentido artístico del término.

Para ello es preciso desarrollar una pedagogía que permita comprender cuáles son los mecanismos que se ponen en juego a la hora de producir el aprendizaje por parte del alumno para desarrollar su capacidad artística. Éste es el verdadero problema.

A partir de aquí, mi interés está en encontrar respuestas a todas estas preguntas.

NOTAS

1. BERNARD WEINBERG. *From Arsitotle to pseudo-Aristotle*. Spring, Colorado.
2. ALOIS RIEGL. *Problemas de estilo*. Barcelona Editorial Gustavo Gili, 1983.

I. Una definición de arquitectura

Una definición de arquitectura

El objetivo de esta tesis se centra en el estudio de la pedagogía de la arquitectura, es decir de la transmisión del conocimiento imprescindible para considerar a un futuro arquitecto, con la capacidad suficiente como para poder ser llamado así.

Un hecho que me ha sorprendido al iniciar este trabajo es la escasez de estudios que sobre la pedagogía arquitectónica existen. Este hecho comprobado puede tener varias explicaciones. Una, que se considere que el problema de la transmisión del conocimiento arquitectónico está definitivamente solucionado y, por consiguiente, insistir en ello no es más que una pérdida de tiempo para la verdadera labor de los arquitectos, que está tan sólo en producir arquitectura.

Ante esta argumentación, se levanta, en mi opinión, una tozuda realidad, la presente en nuestras escuelas, donde algunos temas sin una solución definitiva permiten pensar que quizás no todo esté ya resuelto. Es claro, en nuestra escuela, la de Barcelona, que el problema de los proyectos finales de carrera sigue sin una solución definitiva. El hecho, importante, de la cantidad de alumnos que ven sus proyectos rechazados, tras unos estudios exhaustivos de seis años, nos indica que algún tipo de problema existe para que eso sea así.

Si nos conformarnos con respuestas fáciles, el problema no existe. Hay alumnos que no tiene capacidad suficiente para ser arquitectos y, por tanto, es de todo punto imposible que superen un examen de alto nivel. Así el problema deja de existir y podemos dedicar nuestro tiempo a ocupaciones más interesantes que considerar por qué determinados alumnos, tras seis años de dedicación a la escuela, no consiguen llegar a ser arquitectos.

Si preferimos respuestas más algo más realistas, sobre esa falta de información de la pedagogía de la arquitectura, deberemos pensar que es un tema que a los arquitectos no les interesa excesivamente, especialmente por no corresponderse exactamente con la actividad específica, que el arquitecto suele cumplir.

Pero quizás la explicación más cercana a la realidad residiría en considerar cómo, por una tradición histórica acerca de la enseñanza de la arquitectura, esta transmisión de conocimientos se ha producido como una extensión de la actividad de los despachos de arquitectura. Es decir, el arquitecto enseña de la misma manera que produce arquitectura, asimilando el producir con el enseñar.

Tanto si aceptamos una como otra explicación, me parece evidente que los estudios sobre la enseñanza de la arquitectura son muy escasos, y si nos circunscribimos a los medianamente serios el número se reduce considerablemente. Por ello me parece imprescindible proceder a un estudio que se dirija a pensar en profundidad sobre la pedagogía de la arquitectura. Porque podría darse el caso de que, siendo la arquitectura una actividad artística, y por tanto sujeta a los avatares de la inspiración, una tal enseñanza fuera imposible. Con ello, además, responderíamos a esa evidente falta de trabajos sobre la enseñanza de la arquitectura.

Por tanto y desde un punto de vista metodológico, el primer objetivo, previo a cualquier análisis, sobre una pedagogía de la arquitectura pasa inexcusablemente por la definición del objeto de dicha pedagogía, es decir la arquitectura. Esta necesidad previa de una definición del objeto de una pedagogía no precisa de un mayor comentario, pero sin duda esa definición, la de la arquitectura, no es en absoluto fácil.

De otro lado y dada la cantidad de definiciones, y buenas definiciones, que sobre la idea de arquitectura, y por extensión la de arquitecto, existen, es difícil ponerse de acuerdo sobre cuál es la mejor de ellas, o cuál nos parece más conveniente. Así, no pretendo tanto, en función del interés de mi trabajo, una definición absoluta de la idea de arquitectura, cuanto la posibilidad de extraer de todas las definiciones disponibles, aquello que de común puedan tener, lo que de alguna forma marcará los aspectos fundamentales, los más característicos de la arquitectura.

Cuando inicié este estudio acerca de la enseñanza de la arquitectura, de algún modo llevaba, como dato previo, una cierta idea de aquello que desde mi punto de vista resumía los aspectos esenciales que una enseñanza de la arquitectura debía enfrentar en el momento de definir, los conocimientos a transmitir en un proceso de enseñanza.

Para mí lo fundamental en la enseñanza de la arquitectura, reside en establecer la posibilidad o imposibilidad de transmitir el tipo de conocimiento en el que se basa la capacidad creativa del arquitecto, que se supone que es la característica esencial de las disciplinas artísticas. Esta capacidad creadora del arquitecto, y por extensión del mundo de las disciplinas artísticas, es, creo yo, esencial para abordar el tema de la enseñanza de la arquitectura. Como primer estadio, vamos a detenernos un momento en esta capacidad de *creación*, que posee un arquitecto.

Para ello, y atendiendo a la premisa que proponía anteriormente acerca de las definiciones de arquitectura, no pretendo tanto establecer la mejor definición, sino la más neutra. Para ello me dirijo esencialmente al ámbito del lenguaje, en concreto a las definiciones -neutras en principio-, que éste puede aportar.

Así, el término *crear* acepta dos definiciones. Una, inaceptable para mis intenciones, que se refiere a *producir alguna cosa desde la nada*. En una segunda acepción, figurada, *crear* nos remite a la idea de *fundar o establecer*.[3]

La definición de la creación como producir desde la nada nos pone en un evidente compromiso, pues ese crear desde nada no permite hablar de un aprendizaje. ¿Cómo se aprende a crear, si para ello nada es necesario? Puestas así las cosas mejor sería aceptar que la creación es una actividad más propia de dioses que de futuros arquitectos. Además el *creador*, el que crea, nos remite a un atributo que se da a Dios en tanto que hacedor de todas las cosas. Por consiguiente, esta vía, la de la creación como "producir desde la nada", no nos aporta nada cara a nuestro trabajo, sino tan sólo una aparente imposibilidad inicial siquiera de abordar el tema. Pero si llevamos la acción por pasiva, entonces resulta que para crear desde la nada, es decir la creación pura, es imprescindible pertenecer al mundo de lo divino. Y esto sí empieza a interesarnos.

Por ello, llegados a este punto, para proseguir con un intento de definir qué cosa es la arquitectura y atendiendo a la capacidad creativa del arquitecto, debemos dirigir nuestros pasos en la dirección que apuntaba la creación en tanto que "fundación".

El concepto de *fundación* además de otras acepciones referentes a la "creación de ciudades", significa *"apoyar, armar alguna cosa material sobre otra"*. Así desde la idea de creación en tanto que ausencia de precedentes, un producir desde la nada, llegamos a esta otra que nos abre la posibilidad de un construir apoyándose en algo previo. Por ello la creación se asimila a un hacer desde algo que ya existía antes, pues sino estamos obligados a crear desde la ausencia de cualquier cosa, y esto nos conduce a una idea de "creación divina".

Partimos pues de que para crear es necesario hacerlo desde una base, sólida, sobre la que apoyarse, si no queremos caer en una visión del mundo artístico absolutamente intransmisible. No es mucho lo que tenemos para empezar, pero ya es una algo sobre lo que levantar nuestra idea de arquitectura.

La enseñanza de la arquitectura como poética

Otro aspecto a considerar, ligado inexcusablemente a la idea de creación, reside en la idea de *singularidad*. No concebimos una creación, en el sentido artístico del término, si no se resuelve en la originalidad, en su esencia de ser diferente. Así, si la artisticidad se resuelve en la singularidad, es decir en el valor de la diferencia respecto de acontecimientos artísticos que ya se han producido, ¿cómo enseñar a ser diferentes?, ¿es posible transmitir la originalidad? Estas son las dudas que nos asaltan a la hora de proponer una pedagogía de la arquitectura.

Hemos conseguido así una pareja de ideas, que nos permiten caracterizar, al menos en un principio, la esencia de lo que la arquitectura debe ser. Hemos visto la necesidad de creación ligada a la actividad arquitectónica, ligada inexcusablemente a la idea de diferencia. Crear, pero desde la diferencia.

La enseñanza de la arquitectura, sí, pero precisamente de aquello aspectos que a priori se presentan como los más difíciles de transmitir, aquellos ligados se quiera o no a la dimensión creativa que involucra al arquitecto. Esta dimensión de la que todo el mundo habla pero sobre la que no siempre es fácil llegar a un acuerdo. Éste debe ser mi objetivo.

El fundar, o fundamento, implícito en la idea de creación, vemos que lleva aparejado el concepto de origen. Seguimos con la idea de origen y su familia de palabras: tanto con origen como principio como origen en tanto que singular, único, nuevo, raro, y hallamos, en definitiva, palabras todas ellas relacionadas con el término *original*. Y, a su vez, de aquí podemos llegar a la idea de modelo, que lleva aparejadas las acciones de imitar, enseñar, copiar.

También lo original nos remite a voces como invención, imaginación, ingenio, proyecto.

Estamos en una especie de círculo vicioso, el del lenguaje, donde familias de palabras nos remiten a otras. Desde mi criterio, elijo aquellas que intuyo, que más pueden ayudarme. Se podrá argumentar, y no sin razón, que este "ingenuo" juego de reseguir conceptos permite ir a cualquier parte, y que llegar, partiendo de la voz *fundar*, a las ideas de original, modelo, copia, imitar, enseñar, invención, proyecto o cualquier otra, no tiene ningún valor demostrativo, pues a partir de los mismos términos es posible llegar a conceptos no sólo distintos, sino incluso antagónicos. Pero si bien no podemos demostrar que de la idea de creación podamos llegar unívocamente a la de copia, lo inverso tampoco es cierto. Es decir, el hecho de que no sea el único camino no quiere decir que no sea un posible camino. Para comprobarlo, deberemos atacar el problema desde otro punto de vista.

En un artículo reciente sobre la obra de Rafael Moneo, José Quetglas establece los confines dentro de los que se mueve, desde un punto de vista teórico, su arquitectura. Así afirma Quetglas: "...*Atrapado entre ambos excesos -el activismo genital o la mirada pasiva, el instinto o*

Una definición de arquitectura

la consciencia- Rafael Moneo vuelve a proponerse una inalcanzada mediación que ofrezca simultáneamente, invención y memoria de las formas". [4]

También Moneo en uno de sus textos, el epílogo del libro dedicado a la obra de Aldo Rossi,[5] escribe sobre la definición rossiana de arquitectura *"...La arquitectura no es para Rossi, la adscripción a un lenguaje, la elaboración de una convención formal figurativa..."*. Más claramente, Moneo define la arquitectura sin más mediaciones: *"la arquitectura como la invención de convenciones formales".* [6]

Alrededor de estos tres términos se desarrolla toda una idea de arquitectura, preocupada por relacionar, como afirmaba Quetglas, invención y memoria. A partir de ellas se construye toda una idea de arquitectura, que renuncie a una autonomía que la vuelva insignificante. Reflexionar sobre las consecuencias que la utilización de estos términos tiene en la definición de un campo de conocimiento tan complejo como es la arquitectura supone la posibilidad de una mejor comprensión de la idea de arquitectura en estos momentos. Como es fácil comprobar, estos términos no siempre han estado presentes en el momento de proponer una definición de ese difícil concepto, o su corolario, el arquitecto.

En otras circunstancias históricas los términos utilizados para pensar la arquitectura eran ligeramente distintos y no se planteaban desde las ideas de memoria o la convención, sino desde un mayor pragmatismo, fruto probablemente de intereses distintos de los que nos ocupan. Así, si tomamos la más neutra de las definiciones, la aceptada por la Real Academia de la Lengua, obtenemos que la arquitectura es *el arte de proyectar y construir edificios*, con una segunda acepción para el mismo término: *método o estilo de construir caracterizado por ciertas particularidades*.

En la definición intervienen tres términos que enmarcan la actividad del arquitecto: *arte, proyectar y construir*.

El arquitecto como artista, la arquitectura como actividad eminentemente artística... esa es la principal conclusión que se extrae. La artisticidad está en función de un proyecto, es decir en la posibilidad de avanzar un plan hacia el futuro, pero también en el sentido de que posee el término en tanto que *traza* o *ideación*. Proyectar supone la idea de prever el futuro, pero al tiempo la ideación supone el concepto de formar idea de una cosa, especialmente *inventando*. Vemos cómo a partir de la definición más *convencional* de arquitectura, el concepto de proyecto conlleva el de *invención*.

Aparece de nuevo la invención como constitutiva de la esencia de la arquitectura. La invención que es *la acción de hallar o descubrir con esfuerzo o estudio una cosa nueva o no conocida*. Invención supone un esfuerzo, o lo que es lo mismo, estudio, y al tiempo un hallazgo. Pero si es un hallazgo la invención supone siempre la idea de algo que existía previamente (¿un fundamento?); lo mismo que la idea de descubrir, que no es sólo venir en conocimiento por primera vez, sino al tiempo hallar lo ignorado o escondido.

Es preciso insistir en esta idea de hallazgo desde un conocimiento previo. No se trata de un idea platónica en el sentido de desvelar el mundo otro, el mundo de las sombras, sino al contrario, darse cuenta de que el conocimiento arquitectónico, la producción arquitectónica, utilizando los términos de H.R. Jauss, depende no de la idea feliz ni de la recuperación de una imagen previa ya existente, sino de una elaboración desde un contexto.[7] El contexto entendido desde el punto de vista cultural, es lo que permite la invención, o mejor dicho es lo que hace posible que esa invención pueda comunicar y no constituirse como objeto incomunicable. Por tanto descubrir, en el sentido de inventar, no debe ser entendido como la absoluta arbitrariedad sino al contrario, como una relación cultural con un contexto determinado.

Siguiendo el camino de una supuesta neutralidad, aquella que confiere el lenguaje, venimos en alcanzar una idea de arquitectura bastante más compleja, o mejor, más sugerente que aquella que en principio parecía proponérsenos, y al tiempo enlazamos con aquellos términos que conocíamos a través de Rafael Moneo.

Así, la inicial contradicción que nos presentaba Moneo de una invención desde la memoria, a través de una revisión del lenguaje no aparece como contradicción sino como una consecuencia lógica. La invención lleva aparejadas las ideas de memoria, de convención, pues no hay convención sin memoria. Por ello lo convencional, que es aquello que se establece en función de los precedentes o la costumbre, supone la invención desde la costumbre. Parecerá así que no es posible inventar, desde una idea de invención arquitectónica, si no se efectúa desde el precedente, pues un inventar sin precedentes sería otra cosa. Sería precisamente, como hemos visto, obra del *criador*, acción divina. Cerramos así el círculo que abríamos con la referencia a la idea de fundamento, como principio que aseguraba la creación.

Por otra parte el concepto de construcción que extraemos del diccionario, tiene una acepción, referida al campo que nos interesa, que es evidente. Es la que se refiere a la idea de construir en sentido físico, es decir la construcción de un edificio. Pero hay también una segunda acepción que abre nuevas vías al estudio de lo que es la idea de arquitectura, pues se refiere a la construcción como: *ordenar y enlazar debidamente las palabras*.

Esta segunda acepción no es incompatible con la anterior, ni con la idea de proyectar que hemos considerado. Queremos decir con ello que además de la construcción en el sentido físico debe también el arquitecto contemplar la construcción en el sentido de orden y enlace.

Otro tema a deslindar es el valor coyuntural que esa definición puede tener. Es decir, si aceptamos que la figura del arquitecto encuadrada en el marco general de la historia es cambiante y depende del contexto en que se circunscribe, deberemos aceptar que la pedagogía que la arquitectura precisa debe serlo también. Esto de alguna manera invalidaría la posibilidad de establecer una pedagogía de la arquitectura durable. Pero de otro lado la figura del arquitecto, aunque siempre distinta, es reconocible a lo largo de la historia con unas características que le son propias: por así decirlo, una especie de máximo común divisor, que nos permitirá entrar a considerar lo que de específico tiene la idea de arquitecto.

No pretendo, por tanto, una definición cerrada de la idea de arquitectura, antes bien una definición abierta que lleve hasta cierto punto implícita su propia relatividad: la subordinación que de una u otra manera el contexto histórico está imponiendo, pero que al tiempo incluya esos factores de permanencia que le son propios. Permanencia en el cambio, ese puede ser un principio de aproximación a la idea de arquitectura.

Esta idea de permanencia en el cambio, no es una idea original, sino extraída de la biología en lo referente al problema de la conservación de las especies desde su transformación. El evolucionismo parte de la idea de *invariancia*, que permite fijar las características de una especie dada, pero al tiempo abrir su adaptación al medio a través de un proceso de continuo cambio.[8]

Establezco, para el desarrollo de mi trabajo, una idea de arquitectura basada en criterios de invención e invención desde la convencionalidad, una convencionalidad que permite la comprensión de esa arquitectura por parte de un usuario. La arquitectura, tal como la defino precisamente por su convencionalidad, pretende reconstruir la idea de realismo, realismo en tanto, recupera el sentido de comunicación, de transmisibilidad, que por ser un hecho artístico debe poseer. Esta faceta realista supone la introducción del concepto de historia en el proceso de enseñanza de la arquitectura.

Como consecuencia de esa idea de convencionalidad de la arquitectura tal como la definimos, comprendemos la enseñanza de la arquitectura como una enseñanza de hechos convencionales, pero transcendiendo su mera capacidad evocativa y trasladándola a una dimensión social en la que encuentra sentido. Si la invención, y la invención arquitectónica es convencional, la consecuencia es su valor social, colectivo, que la reviste de transcendencia. Por ello una arquitectura establecida en la convencionalidad es una arquitectura con una importante consecuencia: la de una arquitectura concebida esencialmente como fenómeno cultural. Por ello podemos caracterizarla por su dimensión social, dimensión en la que encuentra su verdadero significado. Así, la arquitectura es fundamentalmente una actividad cultural y, por ello, artística y, por ello, social. Creo apriori que sólo desde esta dimensión social que tiene la arquitectura es posible plantearse un conocimiento arquitectónico que no pretenda convertirse en hecho insignificante. La arquitectura, para tener sentido, cualquier sentido, es imprescindible que se remita a su dimensión cultural. Arquitectura y cultura: desde aquí es posible plantearse una enseñanza, o mejor una pedagogía, basada en la convencionalidad, convencionalidad que nos asegura la *invención*. Creación desde la convención, esa es la paradoja.

Esta idea de arquitectura, en el sentido de su valor cultural, nos obliga a incidir en la definición de lo artístico desde el punto de vista de lo social, desde el cual es interesante seguir las explicaciones sobre la definición de arte basado en el *objet trouvé*,[9] que de él hace Umberto Eco. Para Eco, los objetos cotidianos no artísticos tienen un valor distinto al ser modificado el entorno en el que encuentran su significado y su razón de ser. Por ello un sillín de bicicleta y un manillar, modificado el entorno en el que inscriben, adquieren un significado distinto, es decir alcanzan una dimensión en tanto que objeto artístico que anteriormente y en su contexto original no poseían. Levi Strauss lo explica desde la dimensión lingüística, justificando cómo al modificar el contexto aparece un nuevo significado que se establece como *necesario* desde las nuevas condiciones en que se sitúa el objeto, ahora artístico. Es decir el significado no depende tanto del objeto en sí, sino del significado que adquiere en un contexto preciso. Con ello se establece una relatividad de la significación del objeto en sí mismo que nos lo hace entender no como un significado en sí sino como un significado respecto a otro. En esa relatividad del significado reside precisamente el valor cultural de la obra artística en general y de la arquitectura en particular.

En el mismo sentido y siguiendo con la posición eminentemente culturalista de una definición de arte y por extensión de arquitectura, es indispensable referirse a los trabajos de Bronislaw Malinowsky y en especial su ensayo "Una teoría científica de la cultura".[10] En él establece Malinowsky que un hecho cultural no adquiere sentido sino en relación con el conjunto de aspectos que forman la cultura. Así, en nuestro caso y tomando como referencia la cultura arquitectónica, debemos considerar que su valor cultural estriba precisamente en que no se produce como hecho autónomo que requiera una definición específica, sino que toma significado precisamente inmersa en un contexto más amplio, de la que es imposible desligarla para establecer su significado.

La convencionalidad de la que nos habla Moneo tiene su significación en tanto que se entienda la arquitectura en el más amplio sentido que pueda poseer el término, inmersa en un contexto más amplio en el que toma sentido. No existe, pues, una autonomía de la arquitectura al margen del contexto cultural de referencia donde adquiere significado. Al referirme al concepto de arquitectura en sentido amplio me estoy refiriendo a todos aquellos aspectos que de una u otra forma pertenecen a su ámbito de actuación. Es decir todo aquello que de una u otra forma afecta al mundo arquitectónico, desde los sistemas

Una definición de arquitectura

constructivos, los diferentes tipos de materiales, la dimensión estética de que forma parte, los procesos productivos en los que está inmersa... pertenecen se quiera o no a una dimensión cultural, desgajada de la cual la arquitectura carece de significado.

Por tanto, cuando se trate de estudiar una manera de pensar la arquitectura como pedagogía, no puede hacerse al margen de la dimensión cultural que ésta establece, ni desligada del entorno en el que adquiere significado. Por ello la triple referencia de Moneo, de arquitectura como invención de convenciones formales, alcanza su máxima dimensión pensada desde esa idea del contexto cultural en que se insiere.

De este modo alcanzamos a definir el perfil de lo que es un arquitecto, desde la dimensión cultural, por ello el arquitecto es un productor de cultura, pero de una cultura inmersa en un preciso contexto -lo convencional- en el que su trabajo adquiere sentido.

Esta visión científica de la cultura no debe hacernos caer en falsas ingenuidades y llevarnos a pensar que una visión científica permite pensar en el establecimiento de leyes "culturales" generales que nos permitan, analizando situaciones históricas determinadas, deducir "científicamente", por medio de leyes generales, las soluciones a una situación dada. Este es un tema que desarrolla Paul Ricoeur[11] al referirse a las interpretaciones científicas de la historia que pretenden deducir simples relaciones de causa y efecto que permitan construir proyecciones basadas en leyes generales.

Para Ricoeur un tal determinismo no es posible por la complejidad del análisis de situaciones concretas, que imposibilita el establecimiento de dichas leyes: por lo generales que deben ser para reflejar esa realidad, pierden todo interés. Así el hecho de establecer la arquitectura en función de un contexto cultural que le da sentido y significado no debe hacernos caer en la tentación de establecer que la arquitectura es un hecho culturalmente determinado. El significado se establece siempre en tanto que se establece una confrontación entre cultura, o mejor contexto cultural, y objeto, y la elección del objeto, tal como hemos visto en el caso del *objet trouvé* es en último término una acción individual. Insistir en esa relación difícil entre contexto y texto nos dará las pautas para pensar una pedagogía de la arquitectura.

Hemos llegado así a una definición de arquitectura que conviene a nuestros intereses. No pretendo afirmar que sea la única, ni siquiera la mejor, pero permite pensar en una arquitectura que haga del cambio desde la permanencia su razón de ser. Y para pensar una pedagogía de la arquitectura, éste me parece el punto para empezar a trabajar. Entiendo, pues, la creación desde la existencia de precedentes, sin caer lógicamente en un determinismo de los unos sobre la otra, pero sí que permite el establecimiento de unos *fundamentos* sobre los que empezar a trabajar.

Definida la arquitectura, en sentido dinámico, el paso siguiente para el desarrollo de mi trabajo será comprobar si esa arquitectura es posible adquirirla por medio de un aprendizaje.

NOTAS

3. Julio Casares. *Diccionario ideológico de la Lengua española*. Barcelona, Editorial Gustavo Gili, 1959. En general hemos utilizado la obra de Casares cuando se ha tratado de seguir la evolución de diferentes términos, pero en ocasiones he recurrido al "Diccionario ilustrado de la Lengua Española"; Madrid. Editorial Espasa-Calpe; 1984.
4. José Quetglas. "La hermandad postrafaelista". *El croquis*, N 20. Madrid, abril 1985. Número especial dedicado a la obra de Rafael Moneo.
5. Rafael Moneo. Epílogo al libro: *Aldo Rossi*. Barcelona, Editorial Gustavo Gili, 1986.
6. Rafael Moneo. Sobre la idea de arquitectura en Moneo ver también el artículo aparecido en *Arquitecturas bis*, nº 22. "Entrados ya en el último cuartos de siglo". Barcelona, mayo 1978.
7. Jauss Hans Robert. *Experiencia estética y hermeneútica literaria*. Madrid, Editorial Taurus,1986.
8. Sobre este concepto de *invariancia*, ver J. Monod. *El azar y la necesidad*. Barcelona, Tusquets Editores, 1985. Sobre el tema de la invariancia y su complementario, el proyecto, volveremos posteriormente.
9. Umberto Eco. *La definición del arte*. Barcelona, Editorial Planeta Agostini, 1985.
10. Bronislaw Malinowsky. *Una teoría científica de la cultura*. Madrid, Editorial Sarpe, 1984.
11. Paul Ricoeur. *Temps et Recit*. París, Editions du Seuil, 1983. Página 161 y siguientes, donde se desarrolla el tema de una historia contada por medio de leyes generales y su imposibilidad.

II. Posibilidad de una enseñanza de la arquitectura

La enseñanza de la arquitectura

En el primer capítulo hemos establecido la definición de arquitectura a partir de la cual iniciamos este segundo capítulo, un punto de especial valor metodológico cara a establecer un modelo pedagógico para la enseñanza de la arquitectura. Si la arquitectura, tal como la definimos, es esencialmente un proceso creativo basado en la "invención convencional", es preciso antes que nada establecer si un tal conocimiento es transmisible, y por tanto es pertinente hablar de una pedagogía de la arquitectura. La idea de arquitectura en tanto que conocimiento creativo presenta un primer obstáculo a la hora de proponer una pedagogía. A diferencia de otros campos de conocimiento, donde interesa ante todo la enseñanza como homologación, es decir un conocimiento compartido y común a todos los alumnos, la idea de enseñanza de un conocimiento creativo supone la enseñanza de la diferencia. Lo esencial en el aprendizaje de las artes en general, y de las artes plásticas en particular, estriba en la diferencia, pues solo de esa diferencia surge el valor en tanto que creación del objeto artístico. De ahí que esa enseñanza en la diferencia plantee unos problemas intrínsecos diversos a los de la enseñanza en la homologación o similitud, y que hacen pertinente la pregunta de si es posible un aprendizaje en la "diferencia".

La vieja pero nunca definitivamente erradicada argumentación de que el conocimiento de la arquitectura es un "don", es decir un conocimiento previo a cualquier posibilidad de aprendizaje, y que por lo tanto el trabajo de las escuelas de arquitectura se circunscribe a un mero alumbrar algo que ya existía previamente, es uno de los mitos que pretendo cuestionar con mi trabajo.

Existe y está muy extendida la idea de que el conocimiento arquitectónico es un conocimiento implícito, que no se puede explicar verbalmente, que la capacidad artística de un individuo pertenece a una esfera del conocimiento humano imposible de racionalizar, basado en una intuición inexpresable verbalmente y tan sólo comunicable por medio del objeto artístico, que se establece en objeto que habla sin necesidad de otras mediaciones. Se es artista de una manera autónoma, al margen de cualquier posibilidad de comunicación. El objeto artístico es en sí, y el artista se limita a presentarlo sin poder nunca ir más allá. La posibilidad de explicitar ese producto no pertenece al mundo de la creación y por ello es un valor añadido pero que no se interroga sobre los aspectos esenciales de la creación artística, que son incomunicables.

Este estado de cosas, esta visión romántica del artista que concibe su obra autónomamente, como el feliz resultado de una "inspiración", por tanto al margen de cualquier posibilidad de comunicación, nos conduce a una imposibilidad total de transmisión del conocimiento artístico, que por su singularidad es intransmisible. Esta concepción de la creación artística que no admite mediaciones crea un vacío alrededor del objeto artístico que supone su incomunicabilidad. El arte se hace pero no es posible explicarlo en aquello que tiene de creación individual, pues los procesos de creación no son verbalizables. Por ello un conocimiento que no se puede verbalizar es intransmisible y como consecuencia evidente de esa condición es imposible su enseñanza, pues en el fondo una enseñanza no es más que la transmisión de un cierto tipo de conocimiento. Por ello se llega a la conclusión de que en tanto que no es posible transmitir la capacidad creativa, ésta está ya en el sujeto antes de cualquier aprendizaje. Esta es la idea del don, del conocimiento previo, inexplicable y por ello intransmisible.

Estamos ante un punto imposible de superar. Llegados a él nos encontramos en un camino sin salida, que impide de hecho pensar en la posibilidad de estructurar algo parecido a una pedagogía, que se ocupe de la transmisión de los conocimientos inherentes al desarrollo de la capacidad creativa de un sujeto. El conocimiento artístico, o quizás sólo sea una habilidad, no se puede adquirir pues es incomunicable; por tanto esa capacidad artística es inherente al sujeto, es un conocimiento congénito que no se adquiere, y en último caso sólo se puede desarrollar en aquellos individuos que lo poseen a priori.

Puestas así las cosas, comprobamos que la enseñanza de la arquitectura en concreto y de las disciplinas artísticas en general es imposible pues solo aquellos individuos que poseen el don son capaces de desarrollarlo. En algunos casos se acepta que ese don es transmisible por "herencia", es decir de padres a hijos, en tanto que el conocimiento artístico depende de un determinado tipo de sensibilidad que se puede adquirir por contigüidad con personajes que la posean. Esa sensibilidad artística, también llamada *buen gusto* es algo que se desarrollaría por medio de la inmersión continuada en un ambiente que posibilite su supervivencia. No queda muy claro qué ocurre con aquellos a los que no es dado pertenecer a esos ambientes en los que impera el buen gusto, ni si, en caso de poseer congénitamente esa capacidad creativa innata, ésta se pierde por inmersión en un ambiente poco refinado, o si en esos ambientes impregnados de mal gusto ya no se produce este tipo de sensibilidad artística de una manera congénita.

La idea de un conocimiento a priori por parte del alumno basado en esa especie de intuición artística no es, aunque pueda parecer lo contrario, extraña en nuestras escuelas, y ello es así entre otras razones porque una tal explicación no obliga a mayores cuestiones en general bastante más molestas. Es indudablemente más fácil escudarse en una falta de capacidad del alumno para alcanzar una mayor capacidad en tanto que diseñador, que cuestionarse sobre complejos temas de pedagogía, que en especial en el campo de la arquitectura no dejan de ser por otra parte bastante escasos.

Nuestro trabajo para desarrollar una pedagogía vemos que se enfrenta a diversos problemas. De un lado una actitud elitista en parte del profesorado, en su relación con el alumno. De otro lado con una falta importante de estudios serios sobre las cuestiones que afectan decisivamente a una pedagogía de la arquitectura, basada en criterios racionales y comunicables.

Si desarrollamos la idea expuesta anteriormente de que el conocimiento de la arquitectura es congénito, es decir un don innato (no adquirido), estaríamos en disposición de proceder a una selección previa de los alumnos en las escuelas de arquitectura, que evitaría cantidades ingentes de trabajo y, sobre todo, evitaría el enorme derroche social que siempre supone descubrir tardíamente en un alumno que no posee ese don que posibilita el desarrollo de la capacidad de diseño. Siendo ese don previo a cualquier aprendizaje, la selección resultaría absolutamente fácil para las escuelas.

Pero vemos que esta selección que casi podríamos denominar *natural* no es tan sencilla como a primera vista pudiera parecer. La dificultad para establecer los criterios por los que una escuela de arquitectura puede seleccionar sus alumnos, alumnos que se supone no tienen todavía una experiencia en el campo del diseño, son todo menos fáciles, y las posibilidades de error imposibles de valorar. En este sentido es especialmente significativa la experiencia que podemos extraer de campos artísticos no arquitectónicos. Así, en el campo de la música, y específicamente en el campo del canto, donde la valoración se establece por medio de un elemento tan concreto y mesurable para un especialista como es la calidad de la voz, los errores de valoración son absolutamente frecuentes. Una cantante cuya calidad queda al margen de cualquier duda ha explicado en diversas ocasiones cómo en su juventud fue rechazada en casi un centenar de audiciones por expertos maestros de canto, en diversos países y por diversos motivos, antes de recibir una valoración positiva sobre sus posibilidades de cantante. Si en una actividad donde la importancia de un factor clave y perfectamente mesurable como es la voz se producen importantes errores en la apreciación de las futuras posibilidades de un aprendiz, ¿qué no pasará con la arquitectura, donde los elementos de comprobación no son ni de lejos tan evidentes como en el caso del canto?

Las referencias en sus clases de la Escuela de Arquitectura de Barcelona del catedrático Xavier Rubert de Ventós, acerca de experiencias en el tema de los criterios a considerar para la selección de los futuros estudiantes de arquitectura en Estados Unidos, resultan esclarecedoras sobre la posibilidad de éxito de este tipo de selecciones. Explicaba Rubert cómo algunos de los sistemas propuestos por las escuelas de Arquitectura fueron comprobados por medio de su aplicación a arquitectos de prestigio y se obtuvo alrededor de un ochenta por ciento de fracasos entre ellos. Es decir, la inmensa mayoría no hubiera superado las pruebas de ingreso a las escuelas.

Vemos, pues, que en caso que el conocimiento preciso para ser arquitecto sea un conocimiento innato, las posibilidades de establecer quiénes lo poseen y quiénes carecen de él es cuando menos problemático, y tampoco poseemos estudios fiables que nos permitan avanzar desde una base firme.

Esto plantea un difícil problema, no solo pedagógico sino al mismo tiempo deontológico, a las escuelas de arquitectura, puesto que si no es fácil establecer criterios de selección, o cuanto menos éstos no son fiables, existe una incapacidad teórica para decidir cuáles, de entre los alumnos que inician los estudios en una escuela de arquitectura, poseen esa capacidad innata exigible para el desarrollo de la capacidad creativa, pues si es ésta innata, las escuelas solo serán capaces de desarrollarla en aquellos que ya la poseían previamente. Establecemos un difícil círculo vicioso, que nos lleva de la necesidad previa que tienen las escuelas de determinar aquellos que pueden desarrollar ese conocimiento implícito siendo inexistentes los métodos fiables para determinar, con total seguridad, a aquéllos susceptibles de convertirse en buenos diseñadores. ¿Cómo justificar ante un alumno que ha desarrollado varios cursos en la escuela y ha superado cantidades de obstáculos de todo tipo que finalmente no posee el don de los elegidos? Y es este un caso que se da en nuestras escuelas más de lo que sería deseable. Los fracasos masivos, en ocasiones en el desarrollo de los proyectos final de carrera, nos hacen ver que los temas que aquí se plantean no son en absoluto gratuitos y dan prueba de una situación que produce un increíble gasto social y un auténtico despilfarro de medios de todo tipo.

Desde un punto de vista teórico el modelo que presentamos no posee la más mínima solidez. Si la capacidad de producir arquitectura depende de un don innato, entonces es posible que las escuelas de arquitectura estén de más, pues aquellos que posean ese conocimiento innato de una u otra forma ya lo desarrollarán.

Innatismo *versus* aprendizaje

Llegados a este punto es preciso, a pesar de todo, revisar cuánto de realidad científicamente justificada existe tras la idea de *conocimiento innato*, a la que nos hemos referido en el apartado anterior. Es preciso comprobar hasta qué punto es importante esa noción de intuición apriori de la arquitectura, concebida como un don. Don en el sentido que el término tiene de *gracia especial* o *habilidad para una cosa*, relacionado con la idea de *dádiva* o *presente*. Aprendizaje estructurado a partir de la existencia de una intuición previa, innata, de la capacidad para producir arquitectura, que sólo es posible desarrollar a partir, por tanto, de su presencia.

Esta idea de lo innato no es algo singular, insólito y perteneciente al mundo de la creación y las disciplinas artísticas. Por el contrario, es una concepción de la realidad, respaldada por una importante base teórica de gran contenido, y común a diversos campos de conocimiento.

El campo de la lingüística y el lenguaje verbal nos sirve como paradigma de esa concepción del aprendizaje: fruto no tanto de una experiencia pedagógica, cuanto resultado de un conocimiento previo, innato. Así, para los defensores del *innatismo*, se supone la existencia del lenguaje como algo constitutivo de la propia esencia del hombre, al margen de posibles aprendizajes, universal pues está en cualquier hombre por el mero hecho de serlo. Este conocimiento previo no implica su desarrollo posterior, fruto de una experiencia personal, pero la configuración interna que posibilita la comprensión de la estructura del lenguaje es preexistente, común a todos, y por ello no susceptible de ser interiorizada, pues forma parte de la propia inteligencia creativa del individuo.[12] Por tanto, efectivamente hallamos la idea de innatismo en el campo del lenguaje, donde los estudios presentan indudablemente un mayor nivel de desarrollo, puesto que son realizados por complejos grupos interdisciplinares, con el concurso de lingüistas, psicólogos, especialistas en biogenética... en fin, todos aquellos campos del conocimiento relacionados de una u otra forma con el tema del aprendizaje. Por ello es interesante para el desarrollo de mis tesis establecer algún tipo de relación que me permita, si no deducir conclusiones concretas, sí dar cuenta de la complejidad de los problemas relacionados con el tema del aprendizaje. Seguir, aunque sea de manera lejana, los problemas que estos campos de conocimiento tienen planteados permitirá avanzar sobre los problemas que al fin también los arquitectos debemos resolver al estudiar la pedagogía de la arquitectura.

Así, desde este punto de vista, el defendido por los partidarios de un conocimiento innato del lenguaje, éste, o mejor la posibilidad de acceder a su conocimiento, es previo a cualquier aprendizaje y no depende de una experiencia externa al sujeto sino que se produce desde un denominado *órgano mental* que, a la manera de otros órganos del cuerpo (corazón, brazos, hígado, etc.), se desarrolla por sí mismo, de tal modo que la estructura interna del lenguaje forma parte de él. Como consecuencia de todo ello, y según las teorías *innatistas*, no es posible hablar en estricto sentido de un aprendizaje de la capacidad verbal tal como entendemos el término "aprender", en tanto que interiorización de las estructuras de relación que nos posibilitan su comprensión. Estamos tan sólo ante el desarrollo de un órgano mental, que poseemos previamente a cualquier experiencia de relación con el medio ambiente que nos rodea, de la misma manera que en el momento de la gestación poseemos el código genético con toda la información referente al nuevo ser humano. Por ello ese órgano mental, donde se sitúa la información referente al lenguaje verbal, se transmite por medio del código genético, de la misma manera que cualquier otra característica del individuo.

Las tesis innatistas generan, en un campo de una gran complejidad como es el lenguaje verbal, importantes problemas para determinar de qué modo se estructuran los mecanismos precisos para la comprensión e interiorización de las estructuras del lenguaje. La situación está muy lejos de producir un acuerdo sobre estos aspectos, que son fundamentales a la hora de proponer modelos que expliquen suficientemente el comportamiento de los individuos y el lenguaje.

Lo que parece evidente, si seguimos las tesis defendidas por los innatistas, es la conclusión de que si el lenguaje se estructura a partir de un órgano mental es por tanto común a todos los individuos, y ello nos conduce sin posible discusión a aceptar su universalidad. Como consecuencia de esta universalidad del lenguaje, la experiencia posterior que se adquirirá en el uso del lenguaje no es una experiencia de aprendizaje, en el sentido de interiorización de una estructura externa, sino que se trata simplemente del desarrollo de un órgano mental que existía previamente, anterior a cualquier experiencia o aprendizaje. Por ello el lenguaje es común a cualquier sujeto y en cualquier caso se puede desarrollar la capacidad de usarlo, pues no es algo adquirido sino inherente a la propia condición humana. Para demostrar esta "innatidad" del lenguaje verbal en tanto que órgano mental, Noam Chomsky y otros defensores del *innatismo*, utilizan la presunción de la existencia de unos "universales formales". La argumentación que sustenta la idea de los universales formales estriba en inferir que si dicho órgano mental es inherente a la propia condición humana, existe en cualquier cultura y ese supuesto órgano mental contiene la estructura relacional de un determinado lenguaje, al ser esta estructura común a todas las culturas y por tanto común a cualquier lengua, es imprescindible que cada una de las lenguas posea algunos elementos -o relaciones entre elementos- comunes a las otras. Por tanto si se demostrara la existencia de esos elementos comunes a todos los idiomas, se demostraría al mismo tiempo la posibilidad de la "innatidad" de los sistemas estructurales que las articulan.[13]

Frente a esta idea del lenguaje como órgano mental que sugiere el innatismo, aparece el constructivismo, defendido entre otros por Jean Piaget, quien adelanta una teoría que explica la incorporación de la capacidad del lenguaje verbal en la relación entre un pre-orden interno y un orden exterior que se interaccionan. Establece así un sistema dialéctico, para el que no existe el determinismo de un sistema, u orden, precedente a otro, sino una interrelación de ambos. Por ello, cree en un sistema de equilibrios continuados y en una interregulación. Para Piaget, lo innato es la capacidad para recombinar los sucesivos niveles de complejidad. El lenguaje se aprende pero porque existe algo previo, la inteligencia general, que permite esa interiorización del conocimiento. Se produce una continua reelaboración de los pasos anteriores, que obliga a un continuo reorganizar todo el sistema, que se transforma continuamente para adaptarse a las nuevas aportaciones. Para Piaget esta inteligencia previa se define como *inteligencia práctica* en un estado inicial, que describe como S0. Este estado corresponde a la inteligencia sensorial-motriz. Esta inteligencia es innata y permite la coordinación de acciones y percepciones particulares. Así también Piaget presenta una aceptación de un cierto grado de *innatismo*, pero lo circunscribe única y exclusivamente a la capacidad de inteligencia, o inteligencia práctica. Para él ésta sí es innata, pero a partir de este punto el lenguaje se interioriza por medio de un aprendizaje, o lo que es lo mismo, por medio de una experiencia de interrelación con el medio ambiente exterior.

No me interesa aquí avanzar en exceso en esta discusión entre innatismo-constructivismo, pues quizás nos apartaría de nuestro objetivo primordial que reside en la construcción de una pedagogía de la arquitectura. Lo que me interesa destacar es que esas dudas que los arquitectos sentimos ante la posibilidad o no de un aprendizaje de la arquitectura, si el tipo de conocimiento que supone nuestra disciplina en particular, y las disciplinas artísticas en general, es transmisible. Es sobre este punto donde debemos insistir; una visión hacia otros campos de conocimiento, supuestamente más científicos que el de la arquitectura, nos permite comprobar que, a pesar de ello, o precisamente por ello, se debaten en el mismo tipo de dificultad, las certezas no son posibles y sólo las dudas parecen estar verdaderamente justificadas.

Hay sólo una certeza, que de una u otra manera los niños aprenden a usar el lenguaje, independientemente de si existe un órgano mental o si se trata de una competencia adquirida, tras un proceso, complejo, de interacción con un medio externo, que aporta al niño una experiencia de aprendizaje. Lo que interesa remarcar en nuestro caso, la arquitectura, es esa doble posibilidad en el momento de adquirir una competencia en el desarrollo de un conocimiento. Esa doble posibilidad se circunscribe o bien a un aprendizaje por medio de la relación con un contexto dado, o bien ese aprendizaje no es tal pues el conocimiento nos es dado por el mero hecho de nacer, en tanto que para ello poseemos un órgano mental, que es universal. O aprendizaje, del tipo que sea, o, por el contrario, conocimiento innato.[14]

Si utilizamos en nuestro favor la tesis que nos parece más favorable, es decir el modelo piagetiano, en tanto que acepta de una manera clara el aprendizaje como mecanismo de acceder al dominio del lenguaje verbal a partir de una inteligencia práctica, y extrapolamos esta idea, extraída del lenguaje, a la arquitectura, pues ella es también una forma de conocimiento de la realidad, llegamos a la conclusión de que efectivamente la arquitectura se puede *adquirir*. Adquirir, en el sentido de que se puede aprender por un proceso de interacción con el contexto. La arquitectura en su conjunto, se establece como medio con el que el individuo, estudiante, se mide para valorar su conocimiento. Esta interacción con el medio se produce a través de aquello que Piaget denominaba inteligencia práctica, o estado inicial S0, que no es en nuestro caso un vacío absoluto, sino un estado inicial diferente para cada individuo y su relación con la arquitectura.

Con ello establecemos la premisa imprescindible para proseguir en nuestro camino de establecer una pedagogía de la arquitectura: ésta depende de la inteligencia práctica del individuo y no de su capacidad innata para producir arquitectura. Esto es así, en tanto que esa capacidad no se constituya en capacidad previa a cualquier conocimiento, es decir como órgano mental. Por tanto, si la arquitectura depende de un aprendizaje, es decir es una interiorización de orden exterior, entonces la arquitectura, o mejor la capacidad de producirla, será aprehensible por cualquiera, pues sólo dependerá de la inteligencia general. La consecuencia evidente de ello, aceptando las tesis piagetianas sobre el constructivismo, es que cualquier persona con un grado de inteligencia suficiente para cursar estudios universitarios, estará capacitada para aprender a ser arquitecto. Así, la única limitación vendrá establecida por el grado de inteligencia de cada uno de los individuos. Luego si la habilidad para comprender y desarrollar la capacidad de diseño de un individuo, es decir en último término su capacidad artística, no es innata, entonces tenemos que aceptar que se adquiere por medio de una experiencia. Y si la capacidad "arquitectónica" se adquiere por medio de una experiencia, entonces esa experiencia se puede ordenar y se constituye en pedagogía. Con ello demostraríamos que es posible aprender la arquitectura como disciplina creativa. Y sólo la inteligencia general determinará el grado de dominio que es posible adquirir en un proceso de aprendizaje de la arquitectura.

En todo caso, para Piaget no existe conocimiento por la mera observación, sino que es precisa una estructuración de esa observación. Con ello se descartan por su parte las actitudes empiristas, pues éstas no son capaces de explicar la complejidad de los procesos en juego. Para comprender la construcción de la estructura mental es preciso entender los procesos de asimilación y acomodación ligados a la noción de esquema. Por ello, para Piaget, el conocimiento no es más que un "ordenar" un ruido, ruido en el sentido de percepción de un mundo sin estructura. Dotar a una experiencia "desordenada" de la arquitectura de un orden, en eso estriba el aprendizaje de la arquitectura.

Pero puede pasar otra cosa y es, como temíamos, que la capacidad de diseñar, es decir la capacidad para "hacer" arquitectura, sea innata. Esto supondría que la arquitectura está en el individuo antes de cualquier posibilidad de conocimiento, y por tanto no podría ser incorporada por medio de una experiencia, sino tan solo podría ser "desarrollada" por aquellos individuos que la poseyeran previamente. Pero precisamente por tratarse de un órgano mental, un arquitectura así establecida sería un órgano mental universal, pues esa es la condición impuesta por los *innatistas* para defender sus tesis. Por tanto si la arquitectura es un conocimiento innato, está en algún tipo de órgano mental, tal como ocurría con la estructura del lenguaje, precisamente por ello, por tratarse de un órgano mental, está en todos los individuos. Es decir si la capacidad arquitectónica es innata, entonces indefectiblemente está en todos los individuos, pues sería inherente a la propia condición de ser humano. Si es innata está en todos, y si está en todos, puede ser siempre desarrollada por medio de una experiencia, que permita aumentar la "competencia" del individuo en el conocimiento de la arquitectura.

Así pues si la arquitectura es un *don*, es innato, y si es innato es común a todos, y todos lo poseen. En cualquier caso, la arquitectura, la experiencia arquitectónica y por extensión el conocimiento artístico, o es innato y lo es para todos, pues todos poseemos los mismos órganos, y se puede desarrollar, o bien es un conocimiento que depende de la inteligencia práctica y puede ser adquirido por medio de una experiencia pedagógica. Por ello y como consecuencia de todo lo expuesto, la enseñanza de la arquitectura no puede fundarse en posiciones elitistas, que siempre suponen una discriminación al acogerse a criterios "mágicos", que establezcan quiénes pueden o no a priori ser arquitectos. El único elemento que puede limitar la capacidad de aprender arquitectura es la capacidad intelectual, es decir el grado de inteligencia de un individuo, que marcará los límites hasta dónde ese individuo puede llegar en su aprendizaje como diseñador, pero no hay, no puede haber a priori, otra limitación.

Establecer este criterio respecto de la capacidad de aprendizaje del alumno de la escuela de arquitectura no es insignificante, pues tras la actitud de establecer una incapacidad por parte del alumno para desarrollar la arquitectura se esconden importantes problemas pedagógicos que de este modo quedan enmascarados. La incapacidad del alumno sirve como excusa para evitar plantearnos el tema de fondo: la pedagogía de la arquitectura. No debe, pues, extrañarnos la pobreza absoluta de estudios que sobre el tema de la pedagogía de la arquitectura se encuentran en nuestras bibliotecas.

Del usar al producir arquitectura

Se objetará que existe una importante diferencia entre hablar, es decir usar el lenguaje verbal, y producir literatura, es decir ser un poeta. Trasladada al campo de la arquitectura, la objeción se establece en la radical diferencia que hay entre usar arquitectura y producir arquitectura. El uso, incluso el buen uso de la arquitectura, no nos permite deducir que un buen usuario sea al tiempo un buen "poeta". Son aspectos muy distintos de una misma realidad, y se refieren a la diferencia esencial entre usar tan sólo el valor comunicativo del lenguaje y establecer dónde empieza el valor artístico de un determinado texto.

Es este un problema que afecta no sólo a la arquitectura, sino de una manera muy especial al lenguaje, donde la relación entre lengua "natural" en el sentido saussuriano del término y el lenguaje en tanto que creación artística es un tema abordado, pero muy polémico. La diferencia entre un "hablar natural" y un "hablar poético" es algo que suscita no pocas discusiones. Retomando a Saussure y su *Cours* encontramos que éste no considera como tema específico de la lingüística el de su dimensión poética, pues considera que el lenguaje literario no forma parte del campo específico del ámbito de la lengua natural; pero por otra parte concede que, evidentemente, el lenguaje literario extrae su esfera de conocimiento de la esfera del lenguaje natural. Por ello Saussure acepta que también corresponde al lingüista estudiar las relaciones entre el lenguaje natural y el lenguaje literario.

En este sentido debo también citar a Roman Jakobson, en especial su artículo "Poética y lingüística",[15] donde estudia la relación, difícil, entre poética y lingüística. Para Jakobson ésta es una relación compleja que no permite simplificaciones. Considera que la mutua exclusión entre ambos campos, el de la lingüística y el poético, no es aceptable. Ambos no son en absoluto hechos inconexos, antes al contrario, para él es preciso considerar la lingüística como un hecho complejo, del que la poética es una parte. Jakobson, recordando a su vez a Voegelin, establece que el principal problema de la lingüística estructural está en la revisión del concepto "monolitismo del lenguaje", así como en la posibilidad de establecer, como tema de estudio, una "interdependencia de varias estructuras en el interior de una lengua dada".[16]

Con ello Jakobson llama la atención sobre el hecho de que no se puede considerar, desde un punto de vista estructural, el lenguaje en su sentido instrumental como un hecho desligado absolutamente del lenguaje en tanto que expresión poética, es decir en su dimensión creativa. Así, la poética sería un subconjunto del conjunto más amplio de una lengua dada. Por ello el valor creativo de una lengua no es un hecho a considerar al margen del lenguaje en sentido instrumental. Por ello si fijamos la posibilidad de un aprendizaje del lenguaje para todos, estamos al mismo tiempo fijando la posibilidad de un conocimiento de esa parte del lenguaje que sería la poética, recuperando aquí la definición chomskyana de *competencia* y *perfomance*. El aprendizaje del lenguaje poético, es decir en su dimensión creativa, no sería, al menos desde un punto de vista teórico, más que una mayor especialización de esa *competencia* o conocimiento del lenguaje.[17]

Refuerza Jakobson su argumentación en el sentido de considerar la poética como formando parte de la estructura general de la lingüística con una referencia a E. Sapir y su afirmación de que "la ideación es la reina absoluta del lenguaje".[18]

Esto no nos permite, evidentemente, afirmar que cualquier "habla" por el mero hecho de pertenecer al lenguaje ya sea *per se* un acto de creación, pero sí nos permite afirmar respecto a nuestra voluntad de crear una pedagogía, que la *creación* es un aspecto más del aprendizaje del lenguaje que participa de su misma estructura. Por ello si aceptamos, resolviendo la analogía que establecemos entre aprendizaje del lenguaje y aprendizaje de la arquitectura, que el lenguaje es posible, o bien aprenderlo o es algo que ya poseemos, con la arquitectura ocurre algo similar. Como consecuencia, si esa función "creativa" del lenguaje es posible adquirirla, por extensión del aprendizaje del lenguaje en sentido funcional, existe también la posibilidad de adquirir no sólo la capacidad para utilizar la arquitectura, sino también la capacidad de producir arquitectura. Si esa capacidad de producir, en sentido creativo, no es más que una subestructura de la estructura de la arquitectura, entonces es posible adquirirla, o desarrollarla por medio de un proceso que aumente la *competence*. *Competence* significa en último término una experiencia de la arquitectura, un conocimiento; por ello mejorando ese conocimiento estamos, al tiempo, mejorando nuestra capacidad de *perfomance* es decir de producción.

Podemos también considerar la aportación en este sentido de Manfred Bierwisch,[20] que ha estudiado ese paralelismo entre lenguaje natural y creación literaria. Bierwisch afirma: *"los objetos de investigación poética son fenómenos reales y así caen dentro del dominio de la lingüística"*. Para él, aunque los métodos corren paralelos, no se identifican. La poética tendría una especificidad que le es propia y que se basa en el estudio de las regularidades que se producen en el sistema de los textos poéticos. Por ello Bierwisch se permite hablar de una "competencia poética" basada en la capacidad humana para producir y comprender estructuras poéticas. Naturalmente esta capacidad poética tiene sus propias especificidades, diferentes de la mera lingüística funcional, pero sí que al definir esa *competencia poética* establecemos la posibilidad de estudiarla dentro de su propia especificidad, y por ello, establecida esa competencia dentro del campo específico de la artisticidad, estamos también pensando la posibilidad de una *perfomance* poética, a la manera de la que Chomsky establecía para el lenguaje.

Tenemos, pues, que el aprendizaje de la arquitectura, entendiendo arquitectura en sentido amplio, especialmente su dimensión creativa, es transmisible, y es posible transmitirlo por medio de una pedagogía que sea capaz de desarrollar las capacidades que se ponen en juego en el momento de diseñar. Por tanto, si es posible desarrollar un grado suficiente de conocimiento para adquirir el "uso" de la arquitectura por medio de una pedagogía que lo posibilite, es también posible adquirir la capacidad no sólo de comprenderla al usarla, sino, al tiempo, la capacidad para crearla. Las limitaciones de este aprendizaje no estarán más allá de la propia capacidad intelectual del individuo y de su esfuerzo.

En cualquier caso, tanto Chomsky como Piaget, o lo que es lo mismo, innatismo y constructivismo, comparten el valor que en cualquier caso tiene la experiencia, en la mayor o menor capacidad que del uso del lenguaje tiene un sujeto hablante. Por ello y como consecuencia de lo anteriormente expuesto, debemos admitir que el desarrollo de esa capacidad de producir arquitectura va íntimamente ligada a la experiencia personal del individuo y al contexto cultural en que éste se desenvuelve. Pero esto será tan sólo un dato de partida para el profesor de arquitectura, que en absoluto es determinante. Con ello aceptamos que la capacidad de los alumnos que se inician en las escuelas de arquitectura es indudablemente distinta en función de su experiencia anterior, pero esta diferencia del punto de partida no determina en absoluto la posterior evolución de su capacidad como arquitectos.

Valga como ejemplo el caso expuesto por el arquitecto Pratsmarsó, en una mesa redonda desarrollada en la Escuela de Arquitectura Barcelona, sobre la influencia del GATPAC en el desarrollo de la arquitectura moderna en Catalunya. Recordaba Pratmarsó cómo los alumnos vencedores de los concursos de diseño organizados por el grupo R no tuvieron posteriormente confirmación a lo largo de sus carreras como arquitectos. Posteriormente, ninguno de aquellos brillantes alumnos adquirió notoriedad como arquitecto. Es decir de un posible estado inicial más o menos importante en el desarrollo de la capacidad de diseño, no tiene por qué surgir un buen arquitecto. En mi opinión el desarrollo de esta capacidad está en la posibilidad de establecer una pedagogía más que en la confianza en aptitudes innatas.

Así queda establecido que la capacidad para la creación arquitectónica se adquiere por desarrollo de un "órgano mental", común a cualquier individuo, o bien se adquiere por medio de una experiencia, aprendizaje, a partir de una estructura mental relacionada con la inteligencia general y sólo limitada por ella.

También establecemos que la creación arquitectónica tiene especificidad propia distinta de un mero construir, de un pasivo utilizar la arquitectura. Presenta una posibilidad teórica de aprendizaje, lo que se define por medio de una idea de *competencia poética*, que posibilita una idea de competencia artística, similar en su estructura a aquella que describe Chomsky para el aprendizaje y el uso del lenguaje. Por ello, si existe esta capacidad de una competencia, es posible, por medio del estudio, la comprensión de esa estructura de la cual podemos adquirir la competencia.

Establecida esa posibilidad teórica de la enseñanza de la arquitectura, a partir de aquí debemos, sin más, proponer un modelo pedagógico que dé cuenta de la complejidad que una tal pedagogía posee, atendiendo a su propia especificidad.

NOTAS

12. NOAM CHOMSKY aparece como uno de los principales defensores de esta tendencia.
13. NOAM CHOMSKY. *Aspects de la thèorie syntaxique*. París, Editions du Seuil, 1971.

14. Para seguir la totalidad del debaté es necesario consultar PIATELLI PALMARINI MASSIMO. *Théories du langage, théories de l'aprentisage*. París, Editions du Seuil, 1979; donde se recogen los resultados del congreso celebrado en el Centre Royaumont en Octubre de 1975. En él, y con la asistencia de Chomsky y Piaget, se debatió con diversos especialialistas la relación entre innatismo y constructivismo.
15. ROMAN JAKOBSON. *Lingüística y poética*. Madrid, Cátedra, 1981.
16. Op. cit., página 31.
17. E. SAPIR. *Language*. Nueva York, 1921.
18. "25 anys d'arquitectura Catalana". Setmana cultural. Febrer 1983.
19. MANFRED BIERWISCH. "Poetics and linguistics" en *Linguistics and literary styles*. Nueva York, 1970. Para seguir el conjunto de la discusión desde un punto de vista general es interesante consultar a Fernando Lázaro Carreter. *Estudios de Poética*; Madrid, Taurus Ediciones, 1986.

III. De la institución de la arquitectura

Introducción

En el capítulo anterior hemos establecido, como paso previo al desarrollo de una pedagogía de la arquitectura, la posibilidad de la existencia o no de esa pedagogía. Para ello hemos utilizado como marco de referencia el desarrollo del aprendizaje de los lenguajes verbales. Esto lo justificábamos en tanto que algunos de los criterios que en muchos casos permiten la defensa de criterios pedagógicos estrechos, se aferran a la capacidad innata del artista como espacio mágico, incomprensible, al que es imposible acceder desde un punto de vista racional. Con ello ninguna justificación es necesaria a la hora de explicar cómo se enseña la arquitectura. La arquitectura no se enseña, vienen a decir sus defensores, se nace con ella. Nosotros utilizamos la experiencia acumulada por la lingüística, y en especial la lingüística post-saussuriana, a favor de nuestras tesis. Si la arquitectura es un tipo de conocimiento innato, entonces lo es para todos. Esta era nuestra conclusión, a la que los defensores del innatismo han aportado mejores argumentos.

Posteriormente, hemos introducido la idea de una "lengua", a partir de la que es posible entender un aprendizaje contextualizado. La importancia que adquiere esa idea de contextualización del aprendizaje es capital para el desarrollo posterior de una pedagogía de la arquitectura. Debemos concentrarnos en establecer cuál es la esencia de ese contexto que permite el aprendizaje y que, en cierto modo, puede ser definido como la "institución" de la arquitectura.

La arquitectura como institución

Al acercarnos a esa idea de *institución*, que detectamos en la analogía entre sistema arquitectónico y sistema del lenguaje verbal, debemos dirigirnos a comprobar el exacto significado que el término supone en su estricta definición idiomática. Una de las acepciones del término *institución* se refiere a ésta como la "colección metódica de los principios de una ciencia o arte". En una segunda acepción, el término se refiere a la "idea de enseñar o instruir".

La introducción, en este punto, del término *institución*, como consecuencia de la relación establecida con el lenguaje, abre unas expectativas muy interesantes en nuestro camino hacia el establecimiento de unos criterios previos de una pedagogía de la arquitectura. Esto es así en tanto que suma dos ideas capitales para la construcción de dicha pedagogía: de un lado, la de una arquitectura entendida como colección de conocimientos, *colección metódica*, y de otro, el que esa colección metódica tiene un valor como enseñanza, pues colección ordenada de principios supone la posibilidad de una comprensión de la institución; y con la comprensión, el aprendizaje. Añadamos a todo ello que la colección de metódica y la posibilidad de conocimiento parecen ir indisolublemente unidas.

Desarrollemos en primer lugar la idea de una institución en tanto que colección de principios, pues muchos son los autores que se han referido a ella desde esa posibilidad de abrazarla de una sola vez, entendiéndola como hecho acabado y completo, pues eso nos permite, o al menos así lo parece, la institución.

J.N.L. Durand, en su libro *Prècis de leçons d'architecture données a l'Ecole polytechnique*, y como muy bien ha notado R. Moneo,[20] se pregunta sobre la cantidad de información que debe poseer un arquitecto para iniciarse en la práctica profesional.

El cambio social que se produce con el nuevo estado a consecuencia de la Revolución de 1789 provoca una transformación de las capacidades exigibles a un arquitecto, imponiéndole la necesidad de solucionar nuevos tipos edificatorios, de los que no posee información previa ni precedentes a los que dirigirse. Esta apertura tipológica que supone la nueva organización social, y del papel que el arquitecto debe asumir, supone el fin de una manera de entender la institución. A partir de aquí no es posible una visión cerrada de la arquitectura, que permitía controlar desde el tipo y con la sola ayuda del código formal el conjunto de conocimientos a transmitir. Para Durand, no se trata de proponer una nueva tipología, dada la dimensión de los problemas que la arquitectura tiene planteados, sino un sistema abierto, una combinatoria que permita solucionar de una sola vez, y con la ayuda de la razón, el problema de la invención tipológica. Es preciso poner apunto mecanismos disciplinares que permitan establecer la institución como sistema abierto capaz de adaptarse a las nuevas necesidades. Con ello Durand está implícitamente cuestionando el sistema tradicional de aprendizaje de los arquitectos y su relación con la disciplina. Independientemente de la validez concreta de sus propuestas, Durand establece con gran claridad la crisis de todo un sistema.

Su respuesta se dirige hacia la composición y la disposición, como criterios básicos para establecer ese contenido institucional. Pero no es exactamente en estos momentos ese contenido, el de Durand, lo que nos interesa aquí, cuanto la importancia que para él, en un intento de racionalizar la enseñanza de la arquitectura, tiene el hecho de definir un marco institucional al que referirse y al que echar mano en el momento de establecer unos criterios pedagógicos. Un marco institucional que se establezca como posibilidad de apertura, no como final de un recorrido, rígido corsé al que ceñirse ineludiblemente.

Vemos cómo en el momento en que se abandona una visión de la enseñanza de la arquitectura artesanal, ligada a la vieja idea de las academias del arte, tal como ha estudiado Nikolaus Pevsner,[21] surge la necesidad de definir unos criterios claros, del tipo de conocimiento arquitectónico que el arquitecto debe poseer, basado, no en la mera idea de tipo ligado a la memoria, sino en conceptos objetivables, ligados a la razón.

Se produce esa sustitución del tipo como memoria, por la razón como *institución*. Esa voluntad la explicita Durand al pasar de las meras referencias históricas en la configuración de los proyectos, a la abstracta racionalidad que supone la idea de disposición, basada en la retícula geométrica de matriz cuadrada.

A partir de este punto, es posible hablar de la institución no como un sistema cerrado, en el que todo es siempre igual, y donde el peso de la historia se convierte en un lastre que hay que soportar, sino como sistema abierto, donde lo importante no es aquello que ya está establecido, sino la posibilidad de construir variaciones desde ese momento en adelante.

Son muchos los autores que han visto en este momento de la historia de la arquitectura el punto de inflexión, precedente de un cambio que dará lugar posteriormente a lo que entendemos como *arquitectura moderna*. De ahí la importancia que los estudios sobre esta época tienen en la actualidad como posibilidad de explicar los cambios, radicales, que se producirán en la arquitectura en los inicios del siglo xx. Pero lo que aquí importa, antes que profundizar en los cambios concretos que esta diferente y nueva actitud supone, es la idea capital de la institución como sistema abierto, o si se prefiere, las dificultades que supone su definición, en tanto no es más que un sistema acotado, por tanto definible a priori y de una sola vez. A partir de este momento, se establece como espacio de intercambio, que posibilita nuevas relaciones. La historia deja de ser fuente inagotable de materiales, listos para ser usados. La historia no puede proporcionar ya los estereotipos a los que dirigirse; la complejidad social de la nueva sociedad abre a la arquitectura un campo al que no se puede responder con los solos argumentos de la institución heredada.

Debemos retomar aquí el escrito de Moneo anteriormente mencionado.[22] En él, Moneo constata la ingenuidad que significaría, en la situación actual, y tras el legado del Movimiento Moderno, cuestionarse la posibilidad de "rehacer" un *tratado*. El tiempo histórico de tal operación ha pasado, y esta es seguramente la más importante consecuencia de la aportación de los arquitectos del siglo xx. Pretender redefinir la institución, concibiéndola como un conjunto de normas, cerrado y completo, que resuma la idea de arquitectura en tanto que hecho cultural, es decir institución social, carece en estos momentos de todo sentido.

Como consecuencia, estamos ante la necesidad de definir la *institución*, desde su específica dinamicidad, sistema abierto que se genera a sí mismo, siempre igual pero siempre distinto. El sistema o colección de principios, que hemos visto que forma parte de la primera acepción del término *institución*, no se establece como sistema cerrado y por ello estático, sino que, muy al contrario, es un sistema dinámico en continua transformación, lo que de un lado lo hace asimilable de una sola vez, pero que por contra permite analizar tanto sus condiciones concretas en un determinado momento histórico, cuanto las reglas internas, estructuras formales, que aseguran la pertenencia o no de un determinado hecho arquitectónico, a esa colección de principios llamada Institución.

Otro problema inherente a la idea de institución, aceptado su valor de sistema abierto en continua transformación, estriba en determinar cuáles son y de qué modo funcionan estos principios esenciales, estructuras formales que rigen el desarrollo de la institución. Si la arquitectura es un sistema en continua transformación, abierto, debemos establecer de qué forma se asegura a sí misma la permanencia en el cambio.

Acotar el campo de la institución, el conjunto de principios que forman parte de ella, es tarea metodológicamente difícil, pues aunque pretendamos hacerlo de una manera exhaustiva, siempre tendremos la sensación de dejarnos aspectos importantes fuera. En este sentido, los tratados de arquitectura pueden servir de precedente a tener en cuenta cara a comprobar cuáles son los conocimientos que deben entrar a formar parte de una idea global de arquitectura y que, por extensión, son también los que de una u otra manera debe conocer el futuro arquitecto.

La institución y la tratadística

No es mi intención aquí, ni a lo largo de este trabajo, entrar en el análisis histórico de la tratadística desde el Renacimiento a nuestros días, en tanto que sería un trabajo que sobrepasaría ampliamente los límites del presente estudio y que llevaría al campo de la historiografía. Mi intención está en demostrar que, en la arquitectura actual, la pretensión de reconstruir la idea del tratado como compendio de todo el conocimiento sobre la arquitectura, es algo que, dada la amplitud del campo que de una u otra forma afecta a la arquitectura, resulta a todas luces imposible. Y si ello fuera posible, estaría fuera de cualquier pedagogía. Estaríamos ante una idea de conocimiento enciclopedista, ajena a la voluntad que debe inspirar una pedagogía.

Por ello la referencia no es frontal y pretendiendo desarrollar el tema en profundidad, sino tan solo tangencial y al servicio de las ideas que deseo exponer.

De lo que se trata realmente es de poner de manifiesto cómo la dialéctica de confrontación entre aristotelismo y platonismo permanece abierta, y puede aún hoy proporcionar aspectos de interés, en el momento de debatir sobre la estructura de conocimiento que hay tras la arquitectura. Esta confrontación continúa abierta y se ha mantenido abierta a lo largo de la historia, a pesar de que en algunos momentos se haya presentado como muerta y enterrada, y que algunas simplificaciones en el análisis histórico hayan presentado el devenir de la arquitectura a lo largo de su historia, especialmente desde el renacimiento hasta nuestros días, como un continuo, en el que la tradición aristotélica había sucumbido ante una visión del mundo más cerrada y estática. El estudio del tratado, en tanto que documento que compendia los conocimientos y normas que configuran la arquitectura, nos permite conocer hasta qué punto esta idea de totalidad ha impregnado la cultura arquitectónica que de ellos se derivaba.

Desde la idea de un concepto de tipo entendido como memoria, objeto mítico destinado a ser copiado, el tratado insiste en una visión cerrada de la arquitectura, y en una comprensión completa y acabada de la institución.

Su estructura, en general, se organiza a través de una previa descripción de los sistemas constructivos, prácticos, de consideraciones de índole general referentes a la edificación y puesta en obra, así como de referencias al emplazamiento y problemas programáticos. Así aparece de una manera paradigmática en *Los cuatro libros de la arquitectura* de Andrea Palladio.[23]

Dedica Palladio el primer libro a incidir en las precauciones que debe adoptar el arquitecto al enfrentarse con la edificación. Los consejos y admoniciones, pues de consejos prácticos para el futuro arquitecto se trata, van desde la elección de los materiales y la comprobación de su calidad, a las descripciones de aparejos y de la buena disposición de las fábricas.

Se incluye también, en este primer volumen, la descripción de los elementos básicos de la arquitectura. Son éstos, los órdenes y su corolario: todo aquello relacionado con la idea de medida y proporción. A partir de ellos, la descripción de las diferentes clases de asociaciones que se pueden realizar, estableciendo así los elementos de segundo orden.

Estos elementos de segundo orden, combinación de los básicos, columnas y entablamentos, los constituyen: pórticos, atrios, cortiles, logias y galerías. También se incluyen elementos constructivos complejos, como escaleras, bóvedas, perforaciones de los muros, puertas, ventanas y todo lo referente a su ornamentación.

La enseñanza de la arquitectura como poética

Una vez establecidos los elementos básicos de la arquitectura, el segundo y tercer volumen se dedican a mostrar al futuro arquitecto, en tanto que modelos de corrección, una serie de ejemplos, del propio autor, agrupados por tipos básicos. El segundo tomo está dedicado a villas y casas de campo o ciudad, mientras que el tercero se dedica a ejemplos de construcciones civiles: puentes y edificios públicos.

El cuarto libro incluye una muestra de edificios de la antigüedad, griega y romana, explicados por medio de láminas y textos, en los que se explicitan ciertos detalles y se establecen criterios de valoración, con consejos sobre la posibilidad de introducir variaciones -que no se prohíben- a los modelos expuestos, variaciones que son posibles si se realizan con "gracia" y dentro de "la naturaleza de las cosas".

Comprobamos que estos tratados tienen una voluntad universal de codificación, como también ha hecho notar Manfredo Tafuri en su excelente trabajo *Teorías e historia de la arquitectura*.[24] En él Tafuri explica la historia de la arquitectura por medio de una confrontación entre historicismo y antihistoricismo, un esquema dialéctico de oposición que expone a grandes rasgos el discurrir de quinientos años de arquitectura. Según Tafuri, esa condición antihistórica que supone el "proceso de codificación", confrontada a una voluntad "historicista" de cambio, permite una lectura de a lo largo del tiempo, diacrónica por tanto, de la historia de la arquitectura. En esa lectura diacrónica de la historia detecta la voluntad de codificación como mecanismo de control ideológico de la arquitectura, que lleva aparejada una visión cerrada, "codificada", del conocimiento arquitectónico.

Este análisis tafuriano de la codificación establece una determinada lectura de la historia, que a pesar de sus limitaciones, nos permite entender la limitación que supone el "tratado" en tanto que mecanismo de análisis de la realidad. Utiliza el ejemplo de la lucha entre los biógrafos de Alberti y Brunelleschi, y la discusión entre ellos acerca de cuál de los dos, Brunelleschi o Alberti, poseía un mayor dominio y conocimiento del mundo antiguo, para justificar el valor de sus obras. Aparece así un Alberti codificador que, precisamente por ello, está poniendo los cimientos de la muerte de la arquitectura del renacimiento. Podemos o no estar de acuerdo con esta adscripción de Alberti como arquitecto contra la historia,[25] pero lo que sí podemos aceptar es que esta lectura por medio de parejas de oposición permite una lectura traducida en términos *estatismo-dinamismo* que posteriormente va a ser muy útil para establecer una pedagogía de la arquitectura.

El tratado, pues, como resumen del conocimiento de la arquitectura, que incide no sólo en las posibilidades de obras futuras como en la institucionalización de una historia. Historia pretendidamente objetiva, en tanto que se apoya en la estricta frialdad del dato: la medida.

De la institución de la arquitectura

El tratado se configura como un compendio del saber universal sobre la arquitectura y la construcción, es una manera de entender la arquitectura como ciencia objetivable. Esa idea del valor científico que adquiere el arte y la arquitectura ha sido también detectado por Nikolaus Pevsner, quien, al analizar los cambios que se producen con el humanismo en el tipo de relaciones entre el artista y la sociedad de su tiempo, muestra un cambio importante de actitud fundamentado en el distinto valor de la obra artística, que deja de ser un mero producto artesanal, de un artesano especializado, el artista, para ser un producto cultural que produce un cambio social en la consideración del mismo.

De aquí la importancia que toma el demostrar a través de la Institución el nuevo valor del arte. A través de la institución el artista pretende mostrar la universalidad de su conocimiento.

El renacimiento, y con él toda la arquitectura posterior, tuvo en el tratado el mecanismo "natural" para resumir el conocimiento que atesora la institución y los cambios que en ella se producen. Todo lo que entra a formar parte de ella queda convalidado, y aquellos ejemplos que son admitidos en las colecciones de dibujos que acompañan a los tratados, adquieren valor de elementos de la institución. Pasan de la esfera de lo individual a la esfera de lo público institucional, aquello que era tan solo una experiencia personal de un determinado arquitecto deja de serlo para convertirse en objeto de valor público. Ese y no otro es el valor de la institución, convalidar opciones subjetivas, personales, dotándolas del rango de "conocimiento" y, por tanto, universales. Es ese el valor de codificación que concede Tafuri a la obra de Alberti, esa codificación que desde su análisis dialéctico de la historia, resumido en la pareja de oposición historicismo-antihistoricismo, clasifica de antihistórica en tanto que se opone a la evolución del conocimiento artístico, pues cualquier codificación lleva implícita una resistencia al progreso. Algo de ello se produce con los tratados, que siendo sistemas cerrados posibilitan una repetición de los mismos temas una y mil veces.

Descubrimos esa doble vertiente de la Institución, que de un lado convalida subjetividades otorgándoles el valor de conocimiento institucional, pero que de otro presenta una fuerte carga conservadora, que es el peligro inherente a la propia institución: de actuar como mecanismo de convalidación, puede convertirse, y de hecho se convierte con demasiada facilidad, en fuerza de control y poder.

¿Cómo definir la Institución en estos momentos? La pregunta queda por el momento sin respuesta. Comprobado que cuando ésta se articula como sistema cerrado, como sistema de reglas rígidamente establecido, se convierte en sistema de control, en academia que marca la línea entre aquello que es permitido y aquello que no lo es. De lo que se admite como aportación cultural y aquello que, por no ser reconocido, queda fuera de ella. Este es desde mi punto de vista el principal problema para poder aproximarnos a una pedagogía que no esté condenada, por su propia esencia, a vivir al margen de la historia, entendiendo la historia en el sentido dinámico de transformación, como continua evolución y revisión de los presupuestos de los que se parte para valorar una situación.

De la institución a la disciplina

Hemos visto hasta aquí cómo ha existido desde siempre una voluntad para establecer desde un punto de vista racional los límites de un conocimiento arquitectónico, pues esto y no otra cosa es esencialmente lo que pretende la tratadística. Universalizar el conocimiento arquitectónico, poder hablar desde una mínima base común a partir de la cual poder entenderse, ésta es la voluntad de la teorización de la arquitectura. Pero si extendemos esa idea de institución hasta la idea de *disciplina* vemos que eso nos permite entrar en el terreno del aprendizaje, en tanto que la idea de disciplina lleva implícita la de dominio de la institución. Disciplinarse es un dominar la colección de principios de la institución, o como se explica etimológicamente, enseñar a uno su profesión.

Para que pueda existir una enseñanza, vemos que es imprescindible que exista una colección de principios a los que acogerse. Es pues imprescindible la existencia de la institución como paso previo a cualquier idea de pedagogía. Y además es preciso que el maestro conozca esa colección de principios para que pueda transmitirlos. Pero además debe conocerlos de una manera explícita.

El problema de fondo persiste en tanto que no hemos podido definir la colección de principios, que es un sistema cerrado -pues sino no sería colección- pero, al tiempo, debe ser un sistema abierto en continua transformación.

Esta dualidad, que produce cambio y permanencia al tiempo, es una estructura similar a la que Saussure propone para el lenguaje con su estructuración en *langue* y *parole*.[26]

Esta pareja, que resume de manera muy precisa la relación entre dominio de lo individual y dominio de lo colectivo, tiene para mi trabajo una importancia capital. De un lado establece una estructuración para la lengua que define y limita a la vez la esfera de lo colectivo, el dominio de lo social y el dominio de lo individual, el espacio de la aportación de lo subjetivo, de la innovación individual. De otro lado establece también la relación, siempre difícil, entre permanencia y cambio, que hemos visto que es una de las grandes dificultades para establecer una definición del contenido de la institución, pues ésta se halla escindida entre su voluntad de permanencia y la imperiosa necesidad de continua transformación.

Para corroborar la importancia de esta transformación desde la permanencia es imprescindible referirnos de nuevo a la obra de Jacques Monod.[27] Monod establece para el mundo natural, el mismo tipo de problemas al referirse al tema de la conservación de las especies. Desde una óptica"evolucionista, todas las especies han sufrido, a lo largo de milenios, un proceso continuo de transformación, pero transformación desde la permanencia. Esta evolución la considera regida por dos principios: la *invariancia* y la *teleonomía*.

La invariancia se refiere a la capacidad de reproducir estructuras de alto grado de complejidad, y es la propiedad que asegura la permanencia de la especie. La teleonomía va ligada a la idea de proyecto, y ésta supone la posibilidad de transmitir la información necesaria para asegurar la invariancia de la especie. No es nuestra intención extendernos sobre la importancia y complejidad de estos conceptos, pero sí afirmar que esta problemática de la transformación desde la invariancia tiene sus raíces en la propia estructura de transformación del mundo.

Pretendo, como resumen de lo hasta aquí expuesto, ensayar una analogía entre el mundo del lenguaje -de la lingüística- y el mundo de la arquitectura. Esto no es ni con mucho una novedad y tiene tras de sí una abundante bibliografía, y aparece en estos momentos como un tema sino superado sí cuanto menos de valor más que dudoso. A pesar de ello, creo que es un tema que no está, ni con mucho, agotado y que abre para la arquitectura unas, aún ahora, posibilidades de análisis todavía inexploradas.

El error, desde mi punto de vista, de muchos trabajos que en el campo de la arquitectura surgieron de los escritos de Umberto Eco, en especial de su libro *La estructura ausente*[28] que gozó de gran difusión entre los teóricos de la arquitectura, se debió fundamentalmente a la voluntad de producir no tanto una comparación entre distintos campos de conocimiento a través de mecanismos comunes que pudieran existir, sino al intento de trasladar directamente aspectos extraídos del campo específico de la lingüística, y de la lingüística estructural, a la arquitectura.

Esta transposición directa, término a término, especialmente de los aspectos sintácticos, de una a otra disciplina, produjo un esquematismo a mi entender reductivo, que en definitiva poco de bueno aportó a la arquitectura. La insistencia en comparaciones sintácticas estudiando la posibilidad de una correspondencia término a término entre arquitectura y lingüística condujo a un callejón sin salida, en el que los elementos arquitectónicos se asimilaron a "palabras" de una frase virtual que era posible analizar gramaticalmente.

Una vez comprobados los pocos frutos que de un análisis de este tipo se desprendían para la arquitectura, los análisis basados en criterios de significación, es decir utilizando la semiología como camino de comparación entre ambos tipos de conocimiento, fue la nueva posibilidad que se abrió en conexión entre arquitectura y lenguaje.

Este segundo camino, creo, posibilitó algunos resultados esperanzadores y algunos trabajos interesantes, como por ejemplo los publicados por Juan Pablo Bonta, en los que a partir de estudios semiológicos se procedía a críticas, o mejor, descripciones críticas que permitieron algunos avances en el campo de la historiografía arquitectónica. Así su interesante descripción del pabellón de Mies van der Rohe para la Exposición de Barcelona del 29,[29] que supone una inteligente utilización de conceptos extraídos de la semiología. Trabajo que tuvo continuidad por medio de la interesante definición de crítica canónica. Esta idea se refería a la crítica que un edificio generaba a lo largo de su historia, una "explicación" universalmente aceptada. Quizás esa explicación se pudiera definir como crítica "institucional", pues se construye como lugar común de la disciplina.

Pero aquí no nos interesa tanto la posibilidad de deducir comparaciones término a término como comparar arquitectura y lenguaje como sistemas completos, como sistemas abiertos en continua transformación, siempre iguales y siempre distintos. Nos interesa sobre todo la estructuración implícita entre la esfera de lo individual y la esfera de lo colectivo, tal como lo describe Saussure con los términos *langue* y *parole*.

La arquitectura como *langue*

En el capítulo III de su curso, Saussure al definir la lengua afirma que es a la vez un producto social de la facultad del lenguaje y un conjunto de convenciones necesarias, adoptadas por el cuerpo social, para permitir el ejercicio de esa facultad en los individuos.

La lengua pertenece al dominio de lo social, no se encuentra completa en un solo individuo, se diluye en la masa social y se construye como suma de los conocimientos individuales. El uso de la lengua es siempre individual, no social, su ejecución no está nunca en la masa, depende del individuo. A esa ejecución Saussure la denomina *habla* (*parole*).

Separando lengua de habla, Saussure separa aquello que es social de aquello que es individual, y de otro lado lo que es esencial de aquello que es accesorio.

El habla es un acto individual de voluntad y de inteligencia, en el que es necesario distinguir: en primer lugar, las combinaciones por las que el sujeto hablante utiliza el código de la lengua para expresar su pensamiento individual. En segundo término, el mecanismo psicofísico que le permite exteriorizar esas combinaciones.[30]

En otra otro punto del mismo texto Saussure afirma: *"La lengua es la parte social del lenguaje, exterior al individuo, que no la puede crear ni modificar por sí solo"*. Y también: *"El individuo tiene necesidad de un aprendizaje para el funcionamiento de la lengua"*.

Este es el punto que nos interesa, el que permite estudiar esta fractura que se produce entre el mundo de lo individual y el de lo colectivo: la diferencia entre la reflexión como mecanismo de acción individual, frente a la sedimentación como mecanismo de estructuración de lo colectivo, siempre en continuo estado de transformación, pero nunca transformado de una sola vez por un hombre solo.

Es aquí donde interesa establecer esta primera analogía entre lenguaje y arquitectura, en este nivel, sin detallar mucho más las comparaciones, en tanto que arquitectura y lenguaje son al fin realidades difícilmente asimilables. Pero la analogía que nos permitiría pasar de la lengua a la idea que anteriormente exponíamos de *Institución*, a la que podemos oponer la pareja habla como proyecto. Esta comparación puede tener gran importancia a la hora de analizar el conocimiento arquitectónico no como un sistema cerrado de conocimientos sino como institución en continua transformación. Y ello porque la analogía así establecida nos permitirá utilizar los mecanismos de análisis de la lengua en la arquitectura, en especial aquellos que estudian la lengua como sistema dinámico en continua transformación. Vemos así acercarse la posibilidad de resolver la dificultad que se produce al hablar de una institución como colección de principios, y al tiempo abierta y en continua transformación.

También se afirma en otro punto, por parte de Saussure, que nada entra en la *langue* si antes no ha sido experimentado en el *habla*. Pero, de otro lado, aquello que se experimenta en el *habla*, no tiene por que entrar a formar parte de la *lengua*. Aquí Saussure utiliza el ejemplo del lenguaje infantil, del que dice que es muy rico en invenciones de lenguaje debido a malas construcciones pero que no entran a formar parte de la *langue*. Este punto convalidará posteriormente algunas afirmaciones sobre la enseñanza de la arquitectura, aplicado al problema concreto de los alumnos aprendices en tanto que diseñadores, cuyas invenciones se establecen como hablas incapaces de modificar el conjunto de la institución.

Retomando la idea de institución como marco de conocimiento, a partir del que establecer una pedagogía de la arquitectura, queda en él perfectamente situado el proyecto individual, fruto como veíamos de la reflexión y la inteligencia, que adquiere su significación precisamente porque se produce en el marco de la institución, que lo convencionaliza y le da sentido.

Si definíamos la arquitectura, siguiendo a Moneo, como "... *convencionalización de invenciones formales*", comprobamos que eso se produce en el marco de la institución que da sentido a cualquier invención. Comprobamos también que la analogía que hemos realizado entre arquitectura y lenguaje no es insignificante, y que permite establecer unos mecanismos de análisis de la institución de la arquitectura que han sido comprobados en otras disciplinas y que le confieren un valor científico, como sistema de conocimiento de la realidad, y no una mera invención subjetiva al margen de cualquier posible racionalización. Asimismo nos permite pensar los sistemas artísticos como fruto de un proceso de conocimiento,

La enseñanza de la arquitectura como poética

como una reflexión y no como invención desde la mera subjetividad. El fantasma del genio, ser al margen de cualquier convención, se desvanece dando paso a una invención desde la convención.

Las disciplinas artísticas como proceso racional, ese es el objetivo que nos permitirá, hasta allí donde sea posible, desarrollar una pedagogía específica de la arquitectura. Y eso se puede conseguir asimilando arquitectura a lenguaje en tanto que sistemas en proceso de continua transformación.

Con ello no afirmo que la invención artística sea un proceso racional que es posible reconstruir en su totalidad por esquemas simples que nos lo presenten en toda su complejidad. Soy consciente de que la invención artística es, en una elevada proporción, un proceso intuitivo difícilmente objetivable hasta sus últimas consecuencias por esquemas racionales. Lo que sí afirmo es que ese proceso puede ser desencadenado, potenciado y corregido en cierta medida con la ayuda de una pedagogía.

Este es un punto especialmente sensible al abordar la explicación de los mecanismos sobre los que se desarrollan las disciplinas artísticas -y la arquitectura lo es. Esta componente irracional no podrá ser explicada hasta el final en ningún caso concreto. Una parte importante de los procesos de creación depende en buena medida del azar, entendido en el sentido de experiencia personal, de experiencia vital del propio artista. Esto es cierto y es un dato de partida que cualquier estudio que se dirija a reflexionar sobre la pedagogía de la arquitectura en particular, y de las disciplinas artísticas en general, deberá considerar. Pero es eso, solo un dato a tener en cuenta pero que en modo alguno invalida la posibilidad de existencia de esa pedagogía.

Esta idea de azar ligada a la educación está explicitada, entre otros lugares, en la obra de Félix de Azúa: en *Historia de un idiota contada por él mismo*. Azúa afirma que "...la historia de una educación siempre acaba poniendo de manifiesto la decisiva intervención del azar como verdadero formador de la personalidad...". Por ello, si bien no es posible explicar enteramente el proceso de creación por ser éste, en buena parte, fruto del azar, lo que sí puede hacer una pedagogía es tomar como primer dato, a partir del cual establecerse, el azar mismo.[31]

Ahora mi interés se dirigirá fundamentalmente hacia el estudio de la institución no desde un punto de vista estricto de su contenido concreto, sino fundamentalmente desde el estudio de los mecanismos de transformación que permiten que una acción individual, fruto de una experiencia personal, entre a formar parte de ella. Fijaremos así esa idea capital de la institución, que es su permanencia en el cambio, pues como hemos visto cada acción individual, al entrar en la institución, la transforma, transformándose.

Pero al mismo tiempo algunos trabajos publicados sobre el tema nos permiten suponer que en cierto sentido la evolución de una sociedad es también la evolución de un individuo, es decir se pueden establecer comparaciones entre los cambios que se han producido en la evolución de la capacidad social del hombre y el desarrollo de la capacidad intelectual de un niño. El aprendizaje resume en cierto sentido la evolución social del hombre.[32] Con ello establecemos la posibilidad de que de la misma manera que una determinada institución social, la lengua, está sometida a un continuo proceso de transformación desde la permanencia, también la interiorización del conocimiento de un aprendiz de arquitecto consiste en una interiorización de la institución, por medio de un proceso similar de transformación desde la permanencia.

De aquí podemos volver al mundo del lenguaje, donde el estudio de los mecanismos de transformación se halla más desarrollado, y lo hacemos nuevamente utilizando los textos de Saussure y su *Cours de Lingüistique*, donde encontramos las claves que para él permiten la evolución del lenguaje. Hasta aquí he expuesto la idea de institución de la arquitectura a imagen y semejanza de la idea de *langue*. Con ello pretendo establecer no tanto una comparación directa entre arquitectura y lenguaje, cuanto una asimilación entre sus estructuras de funcionamiento, en especial de los procesos dinámicos. Otro aspecto a considerar por mi parte como esencial a la hora de analizar la institución de la arquitectura, es el de oponer a los cortes sincrónicos, que analizan un momento concreto del estado de la institución, los análisis diacrónicos, que son los que permiten averiguar las transformaciones que se producen en el interior de la arquitectura. Y ello porque el aprendizaje de cualquier disciplina no es más que un continuo proceso de transformación desde los presupuestos de los que se parte a la hora de iniciar el aprendizaje. En este sentido los análisis diacrónicos de evolución son mecanismos importantes de conocimiento de los procesos de aprendizaje: los historiadores en general y los historiadores del arte en particular, han dado gran importancia a los cortes sincrónicos que permitieran proponer modelos estáticos, paradigmas fácilmente codificables. Así no tenemos tanto la idea de lo que significa el arte gótico en tanto que proceso de transformación social, cuanto la construcción de estereotipos que permitan su fácil transmisibilidad.

Sustituir esta visión sincrónica por análisis complejos de transformación es interesante aplicarlo a la historia de la arquitectura, que en demasiadas ocasiones se empeña en reducciones de la realidad, que ofrecen explicaciones de acontecimientos históricamente complejos por medio de simplificaciones extremas. Describir hasta el más mínimo detalle un determinado momento histórico, congelando el tiempo, equilibrando las situaciones para que posibilite una lectura única, resulta perjudicial en tanto que ese equilibrio es siempre ficticio, y es más una construcción por parte del historiador que reflejo de una realidad, que siempre es inestable, contradictoria y cambiante.

La analogía

En su *Cours de Lingüistique*, Saussure establece como principio indispensable para cualquier estudio del lenguaje como sistema, la *limitación de lo arbitrario*,[33] en el sentido de que no hay lengua alguna en que nada esté motivado, de la misma manera en que no hay ninguna en que todo sea fruto de lo arbitrario absoluto. Entre esos dos extremos, la irracionalidad absoluta y la racionalidad total, se mueve el sistema del lenguaje.

Por tanto, si la limitación de lo arbitrario está en la base de un estudio de la lengua, pero de otra parte sabemos que la utilización de la lengua introduce un mayor factor de arbitrariedad, debemos comprobar cuáles son los mecanismos que permiten controlar esa arbitrariedad, reduciéndola en lo posible y dotando a la lengua de un máximo grado de racionalidad.

Para Saussure, ese mecanismo de control a la irracionalidad es introducida por la fonética en tanto que factor de trastorno, es la analogía. *A ella corresponden todas las modificaciones normales del aspecto exterior de las palabras que son de naturaleza fonética.*[34]

La analogía supone la existencia de un modelo y la de su imitación regular. *Una forma analógica es una forma hecha a imagen de otra o de otras muchas, según una regla determinada.*

La analogía supone la existencia de una regla preexistente, pero sobre todo la existencia de un modelo. El modelo asegura la no arbitrariedad de la innovación aceptada en el lenguaje.

Desde el punto de vista lingüístico, la analogía es una creación, puesto que el proceso analógico está en la transformación que se produce en el modelo, pero no en el modelo. Este matiz de la analogía como transformación creativa es de vital importancia, en tanto que asegurando la continuidad dentro de la institución, por su propia definición se configura como una creación.[35] La analogía está precisamente en la diferencia respecto del modelo, no en su similitud.

El valor creativo de la analogía es de capital importancia para el desarrollo de este trabajo. Atendiendo a la comparación que hemos establecido entre la estructura de la arquitectura y la del lenguaje, distinguiendo entre la esfera de lo individual y la de lo colectivo, o lo que es lo mismo *langue* y *parole*, que en campo específico de la arquitectura lo traducimos por *institución* y *proyecto*, y siendo la analogía la que da sentido a las aportaciones individuales, reduciendo y limitando la arbitrariedad, de hecho nos estamos asegurando que los procesos analógicos en arquitectura, por serlo adquieren el valor de creaciones, en el sentido de que se basan en la diferencia respecto del modelo y no en su similitud. Analogía, por tanto, es *diferencia*.

Este valor de la diferencia que deducimos desde la lingüística no es algo extraño en el campo de la teoría artística. De hecho algunos ensayos sobre el problema de la imitación inciden sobre el mismo tema planteado desde diferentes puntos de vista. En este sentido Quatremère de Quincy, en su tratado *De l'Imitation*,[36] al describir la imitación artística establece claramente la esencial diferencia entre esta y la copia literal. La copia literal es aquella que se debe a una mera habilidad manual, desprovista de valor creativo, mientras que la verdadera creación está para él en el valor de síntesis de la imitación verdaderamente artística, en tanto que no pretende copiar lo singular de un objeto tanto como transmitir una idea que resuma el valor de todos los objetos de la misma clase. Así, al referirse a la pintura, explica Quatremère que cuando un pintor copia a un sujeto joven, el interés no está tanto en conseguir una copia literal de ese joven, como en transmitir al espectador la idea de juventud. Desde este punto de vista vemos, pues, que también desde el punto de vista de la crítica artística el valor de la copia, en este caso de un modelo, tiene valor artístico, no por su semejanza directa sino precisamente por la diferencia que establece con el modelo.

Llevando un poco más lejos esta idea de mimésis, según Quatremere esa idea que debe transmitir el pintor en su cuadro se establece como la síntesis de los objetos que pertenecen a la misma clase. Esto quiere decir en este caso que el pintor es capaz de sintetizar las propiedades de una clase de sujetos. ¿Pero no es eso deducir una reglas comunes a todos ellos? ¿Y ese conjunto de reglas comunes a todos ellos no están en la base del mecanismo de la analogía?

Creo que sí y por ello podemos establecer que esa capacidad de síntesis es de igual naturaleza que la capacidad analógica, pues la similitud de todos esos sujetos particulares que se representan en una determinada obra artística se basa en la analogía, y el verdadero valor artístico no está en la literalidad de la imitación, sino en la diferencia. Y ello porque esa diferencia permite al espectador comprobar la similitud entre el modelo entendido en sentido individual, y ese modelo, desde el punto de visto colectivo, es decir perteneciendo a una clase determinada de objetos. Y para Quatremere, en esa comprobación de la diferencia está la verdadera emoción artística, pues convierte la intrascendencia del hecho individual en lo trascendente del hecho colectivo.

Modelos distintos pero, al fin, resultados similares. La analogía está en la diferencia y en la comprobación de esa diferencia, y ese es el verdadero valor de creación, sea ésta lingüística o artística.

De otra parte la analogía es de orden psicológico y gramatical: la analogía supone la comprensión de una relación que une las formas entre sí. La creación resultante de la analogía pertenece a la esfera del habla, es decir al dominio de lo individual.

La analogía se convierte no sólo en un mecanismo de creación sino al tiempo asegura la evolución de la lengua en su conjunto. Una lengua no posee un sistema perfectamente fijo de unidades. La lengua es una sucesión continua de estados de equilibrio inestable. Su evolución viene controlada precisamente por la analogía, aunque los factores de cambio de la lengua vienen por una combinación de fuerzas exteriores a ella misma, y es la analogía la que controla ese proceso, por lo que se configura como un importante factor de evolución. Esto es muy importante al reconvertir este valor de la analogía como factor de evolución al campo de la arquitectura, que es en definitiva el objeto de nuestro estudio. Y ello porque somos conscientes de que, en la arquitectura, cambios debidos a agentes exteriores a la propia institución tienen importancia capital en cuanto a la reorganización del conjunto, y eso es algo que raramente se ha dado en el campo del lenguaje. Por tanto en nuestro caso, y si queremos actuar con un mínimo, será necesario comprobar que, a pesar del indudable peso que factores externos tienen, también la analogía en el campo de la arquitectura mantiene esas características de factor de creación y elemento de conservación de la *institución*.[37]

En el dominio de la arquitectura, la aparición de nuevas soluciones técnicas, como el hierro fundido en un determinado momento histórico o posteriormente las estructuras de hormigón armado, suponen una auténtica revolución en las relaciones entre los distintos elementos que juegan un papel en la configuración de un proyecto. El estudio de esas etapas de rápido cambio, nos reafirman en el importante papel que los mecanismos analógicos, desde el punto de vista de la creación artística, tienen en la asimilación y readaptación de las nuevas aportaciones. Tal como afirma Saussure, en el dominio de la lengua la analogía es la colaboradora eficaz de esas fuerzas que modifican sin cesar la estructura de un idioma. En la arquitectura, si tomamos aquellos momentos históricos en los que se han producido esas importantes aportaciones externas a la propia institución, vemos que su adaptación ha sido lenta y fundamentalmente a través de mecanismos de reutilización de formas ya ensayadas. En este sentido son interesantes los trabajos de Rafael Moneo y Colin Rowe sobre el impacto de las nuevas soluciones técnicas, especialmente respecto del cambio del valor espacial de la arquitectura de fines del siglo XIX e inicios del XX.[38]

Rafael Moneo, en su conferencia, efectúa un rápido repaso a la evolución de los sistemas estructurales resistentes y su influencia en la evolución del concepto de espacio en la teoría de la arquitectura. El resultado de dicho análisis revela fundamentalmente cómo la arquitectura es incapaz de utilizar, desde un principio y en profundidad, las posibilidades que posteriormente hemos comprobado que permitía. Por ello, tras la aparición de una nueva técnica constructiva, ligada a nuevos procesos, se vuelve a la realización de las viejas soluciones con los nuevos métodos.

Así el hierro utiliza al principio las formas del gótico, estilo que parece ser el más idóneo para la experimentación con el nuevo material. El nuevo material es utilizado de manera análoga y con el mismo repertorio formal que se utilizaba cuando el material disponible era la piedra, y solo una relativamente lenta evolución posterior permite la experimentación con nuevas propuestas, como las que aparecerán con los esqueletos estructurales de acero de los edificios de Chicago, de fines del XIX.

La conclusión de este aspecto de la analogía entre arquitectura y lenguaje desde un punto de vista estructural es que, aunque sus estructuras de transformación no son en absoluto idénticas, por la importancia que en el dominio de la arquitectura pueden adquirir aportaciones puntuales de gran impacto y externas a la propia disciplina, en ambos casos los mecanismos analógicos cumplen funciones idénticas, asegurando, de un lado, la conservación de las estructuras relacionales preexistentes, al tiempo que producen la evolución del conjunto de la institución, desde las nuevas condiciones, readaptando todo el sistema. La analogía asegura al tiempo la permanencia y el cambio de la institución.

Si desde el campo de la lingüística estructural, y en concreto desde el análisis de la obra de Saussure, llegamos a una definición de la creación aplicable a las disciplinas artísticas basada en la analogía, también desde el dominio de las disciplinas artísticas se produce ese interés por la analogía como mecanismo de análisis científico del arte. Así los trabajos de Ernst Gombrich inciden en el valor de lo que él denomina *clima*, -estableciendo una metáfora con la climatología- en el que se desarrolla el trabajo artístico. Es decir para él, el artista no trabaja al margen de la realidad y esa realidad, lo quiera o no, le está influenciando. Siguiendo con la metáfora, no es que el clima geográfico determine unívocamente la flora que se produce en una determinada región, pero sí que condiciona ineludiblemente que especies es posible que se desarrollen.[39]

Aplicando ese mismo esquema a la arquitectura, es inevitable referirse a la importancia que adquiere el contexto cultural en el que se desarrolla la actividad de un arquitecto. Esa idea de contexto cultural relacionada con la de analogía está presente en la definición de *memoria colectiva* que ha utilizado Aldo Rossi tanto en su libro sobre la ciudad, *La arquitectura de la ciudad*, como en su *Autobiografía científica*[40] en los que junto a la idea de memoria colectiva, aparece la de *ciudad análoga* que Vittorio Savi en su biografía sobre la obra de Rossi ha definido como "la ciudad que no es ninguna ciudad y es todas las ciudades al tiempo".[41]

También Colin Rowe en su *Ciudad collage*, insiste sobre el valor de construcción, de relato, que supone la explicación de la ciudad. La ciudad se constituye como el sedimento construido de la historia de una sociedad. Rowe utiliza la referencia a las perspectivas virtuales del Canaletto, invenciones sobre la ciudad de Venezia para expresar en este caso su idea de la ciudad como *collage*, suma de fragmentos, construcción mental más que realidad física construida. Y en todas estas explicaciones de la ciudad como construcción, o mejor reconstrucción desde el fragmento, la analogía aparece como tema recurrente. Si la ciudad se construye continuamente desde sus propias ruinas, desde sus despojos la ciudad se establece como construcción análoga.

También Rossi explica en la *Autobiografía* su arquitectura como fruto de una experiencia individual y subjetiva, y eso parece sorprender a los que buscan una explicación de la ciudad "objetiva". Pero, como hemos explicado, precisamente en la subjetividad encuentra su total explicación la objetividad. La memoria rossiana adquiere sentido sólo con el trasfondo de la ciudad, ciudad entendida como suma de aportaciones individuales, que precisamente por ello adquiere el *status* de "colectiva". La ciudad se construye desde la esfera de lo individual, pero con el consentimiento de la memoria, y todo ello regulado por la analogía.

Conclusión

Hasta aquí y con este capítulo hemos intentado construir un modelo de la arquitectura entendido desde el punto de vista social, es decir institucional, que nos asegure la posibilidad de una enseñanza de la disciplina.

Si no queremos una definición cerrada de la institución de la arquitectura, que nos conduzca a una enseñanza dogmática y restrictiva, es importante definirla justo en esa frontera que supone el paso de lo público a lo privado, de lo individual a lo colectivo; de lo objetivo a lo subjetivo. Pero no como esferas independientes sino como espacios interrelacionados, indivisibles e incomprensibles uno sin el otro.

Y esa difícil relación entre lo público y lo privado la asegura la analogía, que es el mecanismo que asegura en cualquier caso el paso de uno a otro nivel, y además en ambas direcciones. De un lado asegura la significación y validez de las aportaciones del individuo a la institución, al tiempo que asegura la receptividad de una institución definida desde la idea de equilibrio inestable, en continuo proceso de adaptación a las aportaciones individuales, que al tiempo que la transforman reciben de ella su homologación.

Otro importante aspecto que asegura la analogía, por definición, es el valor de creación que tienen las construcciones analógicas, creatividad basada precisamente en la diferencia que supone la analogía. En ese valor de la diferencia reside precisamente su valor de creación.

Una vez definida de esta manera la institución de la arquitectura por analogía con la idea de *langue* saussiriana estamos en condiciones de construir una pedagogía que permita al alumno "disciplinarse", es decir dominar la institución o conjunto "metódico de los principios de una ciencia o arte".

Éste y no otro es el objetivo de este trabajo, establecer una pedagogía que, una vez conocida la institución, permita un disciplinarse.

NOTAS

20. RAFAEL MONEO. Prólogo a la edición española de *Prècis de leçons* de JNL. DURAND. Madrid, Editorial Pronaos.,1981.
21. NIKOLAUS PEVSNER. *Las Academias de Arte*, Madrid, Cátedra.1982. Edición en castellano del original editado en Alemania en 1933.
22. R. MONEO. Prólogo a la edición española del *Prècis* de DURAND. *Op. cit.*
23. ANDREA PALLADIO. *Les Quatre livres de l'Architecture*, París, Editorial Arthaud.1980. Reproducción de la traducción que hizo al francés Freart de Chambray en París para la editorial Edme Martín en 1650, a partir de las planchas originales de la edición de Franceschi, publicada en Venezia en 1570.
24. MANFREDO TAFURI. *Teorías e historia de la arquitectura*. Barcelona, Editorial Laia, 1972. Ver también del mismo autor: *La arquitectura del Humanismo*. Madrid, Editorial Xarait, 1978. En él TAFURI defiende la tesis de un Alberti codificador del nuevo lenguaje, operación con la que procede a su definitiva obsolescencia.
25. Sobre una visión del tratado albertiano, en tanto que proyección abierta, no como proyecto cerrado ver el trabajo de M. SAURA, próximo a publicarse.
26. FERDINAND DE SAUSSURE. *Curso de lingüística general*. Buenos Aires, Editorial Losada, 1970. p 49. Saussure afirma que el lenguaje tiene un lado individual y un lado social, y no se puede concebir uno sin el otro.
27. JACQUES MONOD. Op. cit., página 24 y siguientes.
28. UMBERTO ECO. *La estructura ausente*. Barcelona, Editorial Lumen, 1982
29. JUAN PABLO BONTA. *Sistemas de significación en arquitectura*. Barcelona, Editorial Gustavo Gili, 1977.
30. SAUSSURE. Op. cit., página 57 y siguientes.
31. FÉLIX DE AZÚA. *Historia de un idiota contada por él mismo*. Barcelona, Editorial Anagrama, 1986, página 35.
32. Ver en este sentido el libro de SIGFRIED GIDEON, *La arquitectura fenómeno de transición* y el prólogo a la edición española de J. MUNTAÑOLA, editado por Gustavo Gili, Barcelona, 1975. En él MUNTAÑOLA defiende tal posibilidad de establecer un paralelismo dentro de ciertos límites.
33. Op.cit., página 221 y siguientes.
34. Op. cit., página 260.
35. SAUSSURE. Op.cit., página 263.
36. QUATREMERE DE QUINCY. *De l'Imitation*. Bruselas, Arxives d'architecture Moderne, 1980. Ver también sobre el mismo tema el artículo de Jorge Silvetti, donde se incide en la idea de realismo en función del tipo de imitación que se pretenda.
37. SAUSSURE. Op. cit,. página 265 y siguientes.
38. RAFAEL MONEO, "La llegada de una nueva técnica a la arquitectura. Las estructuras reticulares de hormigón". Publicado por ETSA Barcelona 1976. Transcripción de la conferencia de homenaje al ingeniero CARLOS CASADO pronunciada en Madrid el 15 Abril 1975. También COLIN ROWE. *Manierismo y Arquitectura Moderna*. Barcelona, Ed. Gustavo Gili, 1978.
39. ERNST GOMBRICH. Prefacio a su *Norma y forma*. Madrid, Alianza Forma, 1984. En él Gombrich pretende demostrar, ayudado por los trabajos de E. Panofsky, la preponderancia del contexto cultural sobre la innovación individual, va a remolque de ese clima cultural. Ver también E. PANOFSKY. *El significado de las artes visuales*, Madrid, Alianza Editorial, Nueva York 1955.
40. ALDO ROSSI. *La arquitectura de la ciudad*. Barcelona, Editorial Gustavo Gili, 1971. Y del mismo autor, *Autobiografía Científica*. Editorial Gustavo Gili, 1981.
41. VITTORIO SAVI. *Aldo Rossi*. Laterza Ed., 1977.

IV. De la analogía a la poética

Introducción

Hasta aquí hemos visto cómo la analogía asegura que cualquier proyecto individual, en nuestro caso aquel producido por un arquitecto, adquiere sentido en tanto en cuanto es confrontado con la experiencia colectiva que es, al fin, la que le confiere significado. A partir de aquí, el interés del trabajo una vez definida la institución de la arquitectura como la colección de principios que le son propios, principios adquiridos por medio de la acción individual, y controlada por la analogía, se centrará en establecer los mecanismos que permitan construir una pedagogía.

Como primera posibilidad para la construcción de una pedagogía, proponemos establecer una comparación entre los mecanismos que regulan los cambios en la institución de la arquitectura, con la manera en que esta interiorización se produce en en el lenguaje verbal. Establecemos una comparación entre el lenguaje y el proceso de interiorización de un conocimiento que supone siempre un aprendizaje. Este proceso de interiorización supone también en sí mismo el paso de la esfera de lo colectivo -la institución- a la de lo individual -el aprendiz-, similar al que hemos visto controla la analogía en el dominio del lenguaje. Establecemos de esta manera la analogía de una analogía. La interiorización de un conocimiento se produce análogamente a un proceso, el de la modificación de los contenidos de la institución del lenguaje, que se produce esencialmente por analogía.

Insistir en ese proceso de interiorización, y hacerlo a la luz de la analogía, supone el primer paso sobre el que construir una pedagogía. Para ello debemos tomar la analogía en un doble sentido: de un lado como comparación con la estructura de aprendizaje del lenguaje, y analogía en tanto que este es el mecanismo que asegura la reestructuración del conjunto del lenguaje tras cada nueva aportación individual.

La continua transformación de la arquitectura

La arquitectura en tanto que institución se modifica de forma análoga al lenguaje, es decir desde una autorregulación. Esta idea de autorregulación supone la inclusión de *hablas*, individuales por tanto, que vienen a alterar al conjunto de la institución, modificando el estado de equilibrio inestable en que ésta se mantiene. Cada nueva aportación individual supone la reestructuración del conjunto, lo que supone un continuo estado de transformación. Este estado de transformación tiene una tendencia innata a la permanencia sin cambio, pero es empujado inexorablemente hacia adelante por el influjo de acontecimientos sociales. Esta resistencia al cambio y la lentitud de ese cambio aseguran, por otra parte, la consistencia de las hablas individuales, capaces de empujar hacia adelante el proceso. Cambio desde la permanencia, la institución se transforma y reequilibra tras cada nueva experiencia de diseño. Es este un proceso indefinido en el tiempo, y que premite la evolución no solo del aprendiz de arquitecto, sino también de arquitectos ya formados. El proceso de aprendizaje es un proceso abierto e ininterrumpido.

Como consecuencia de ese proceso dinámico al tiempo que el arquitecto transforma a la institución ésta transforma al diseñador, en una continua dialéctica de interdependencia. Dialéctica que no es en absoluto simétrica, pero que en cualquier caso siempre está, en mayor o menor grado, presente. Esta asimetría es especialmente evidente en el caso de arquitectos en proceso de aprendizaje, donde la falta de una personalidad consolidada, permite menos una dialéctica. Por ello concluimos que una pedagogía de la arquitectura no debe constituirse en tanto que sistema cerrado, sistema cerrado de aprendizaje de unos conocimientos concretos y preestablecidos. Por el contrario, una pedagogía que se dirija a resolver la enseñanza de las disciplinas artísticas en general, y de la arquitectura en particular, debe ser un sistema abierto que proporcione las pautas críticas suficientes para permitir una constante evolución de la personalidad del diseñador, incorporando al tiempo el mundo de lo individual, el *habla,* y el de lo colectivo, la *institución*. Es esto especialmente importante dada la tendencia a pensar la enseñanza de la arquitectura como *metodología*.

Esta idea de la enseñanza de la arquitectura como método a seguir tiene bastantes precedentes y alguno de ellos, como el de Ludovico Quaroni, gozan de reconocimiento. Sorprende que dada la escasez de estudios dedicados a la pedagogía de la arquitectura, la mayor parte de ellos son estudios metodológicos, que resuman la complejidad de los procesos de diseño a una serie de aspectos concretos, enlazados en el tiempo, con un cierto orden, olvidando que el tiempo arquitectónico está más allá del tiempo en sentido cronológico.[42]

En su trabajo Quaroni establece los temas que debe resolver el arquitecto al afrontar un problema concreto de diseño. Hay en él una evidente llamada al orden, a raíz de la progresiva pérdida de complejidad de la proyectación arquitectónica, más preocupada por la

De la analogía a la poética

"reducción" de componentes que por la introducción de una mayor complejidad. Pero evidentemente una lista de ocho aspectos, *lecciones*, a considerar para la redacción de un proyecto arquitectónico, no nos permiten pensar en una pedagogía. En último caso estamos ante una lista de problemas a resolver por el arquitecto, pero no ante la elaboración de un sistema que permita un aprendizaje.

No dudo de la validez de tal *método*, el de la lista de problemas, como recordatorio de algunos aspectos de la arquitectura que en ocasiones los arquitectos olvidan, y que ese recordatorio no proporcione algunas pistas al arquitecto distraído. Pero mucho me temo que ahí no está la especificidad de la enseñanza de la arquitectura.

Es por otra parte discutible esa voluntad de organizar los procesos de proyecto en un orden casi cronológico, pues todos estaremos de acuerdo en que un proyecto no es una serie de decisiones consecutivas en el tiempo, que se suceden unas a otras. Para comprobarlo, es suficiente acudir a la lectura de las memorias descriptivas, incluso los lemas de los proyectos que acuden a los concursos de arquitectura, realizados sobre el mismo tema. Las razones, puntos de vista, prioridades, explicaciones de cada uno de ellos son radicalmente distintas a las de otros proyectos, y los puntos de partida, no sólo diferentes, sino incluso en ocasiones antitéticos.

Nos encontramos nuevamente con la singularidad como común denominador de los procesos de diseño. Singularidad como elemento esencial de la creación arquitectónica. Y esa singularidad no depende sólo de cada diseñador y su manera de pensar el proyecto, sino que también depende del problema arquitectónico planteado, de tal manera que un mismo arquitecto, antes problemas distintos, utiliza procesos arquitectónicos diferentes para resolverlos.

Creo, por tanto, que buscar un método universal, o varios, que permitan seguir un proceso de creación ordenado en el tiempo, de cualquier tipo de orden que se trate, resulta un intento totalmente vano, pues lo esencial en arquitectura, y en general en las disciplinas artísticas, reside en la singularidad; por tanto estaría intentando construir un método que supone la idea "un modo ordenado de proceder, para llegar a un fin determinado", a partir de un proceso que es esencialmente desordenado.

Renuncio, pues, a constituir una metodología que pretenda resumir los temas de proyecto y además ordenarlos en el tiempo, pues con ello, antes que un *método*, obtendríamos una casuística interminable, que no sería más que una lista de posibles casos distintos.

Hemos visto anteriormente que el proceso de interiorización que supone un aprendizaje es análogo al proceso de transformación de la institución, y que están ambos regidos por la analogía. Si un alumno es un institución en sí mismo, es claro que su transformación en tanto que aprendizaje se produce desde un estado inicial, que es el resumen de su experiencia. El alumno que se inicia en la arquitectura lo hace desde un estado inicial de conocimiento previo, que es específico de su experiencia y es irrepetible, y válido sólo para él. Por tanto cualquier pedagogía debe considerar el estado inicial del alumno, es decir el alumno en tanto que institución, institución de él mismo, como punto de partida a partir del cual, y con ayuda de la analogía, proceder a su transformación. De la misma manera que cualquier aportación artística que transforme la arquitectura lo hace desde una determinada situación cultural previa, el profesor de arquitectos debe partir de una situación "cultural" concreta de cada alumno para proceder a establecer una pedagogía. Por ello una pedagogía de la arquitectura está basada en la singularidad de cada alumno, en tanto que institución en el sentido "cultural" del término, y debe ser específica para cada uno de ellos.

Con esta idea de "alumno-institución" nos aseguramos el valor dinámico de un aprendizaje, pero fundamentalmente lo que introducimos de manera previa es el valor de la acción individual del alumno, como punto de partida para su aprendizaje. Podemos afirmar que la creación se produce en ese espacio que linda entre la experiencia del individuo y el valor cultural que ésta tiene, que es esencialmente colectivo. No comprender la complejidad de este punto crítico imposibilitaría el establecimiento de una pedagogía de la arquitectura, que lo que pretende es dar contenido institucional a las acciones del individuo.

Es éste es un punto fundamental de la estrategia que desde aquí vamos a seguir, pues de hecho ella es la que nos asegura previamente la posibilidad de cualquier pedagogía que incida en la enseñanza de las disciplinas artísticas, en concreto en el campo de la arquitectura. Y ello porque ésta se produce desde la esfera de lo *individual*, porque como hemos visto las modificaciones que se producen en la esfera de lo colectivo son consecuencia de acciones individuales. Por ello el primer punto a tener en cuenta para la construcción de una pedagogía específica para la arquitectura y su campo de conocimiento es precisamente que se base en las acciones individuales, pero en las acciones individuales de los aprendices, en tanto que productores de experiencias creativas, en el sentido que hemos visto que define la analogía.

Cualquier pedagogía que pretenda incidir en campos disciplinares fundamentalmente creativos, basados por ello en la *diferencia*, debe plantearse desde el conocimiento previo que posee el aprendiz, que no es simplemente el conocimiento científico, sino que es mucho más amplio y se refiere a toda su experiencia vital. Por ello tan solo una parte del mismo será un conocimiento explicitado, mientras que una gran parte de ese conocimiento permanece de alguna manera inexplicable y oculto en el inconsciente.

Acudimos en este punto de nuevo a la obra de Aldo Rossi, en especial a su *Autobiografía científica*.[44] En ella Rossi explica su obra, que es científica, como el resultado de la casualidad; casualidad que es la casualidad de su propia experiencia vital. Frente a aquellos que esperaban de él una explicación racional de su arquitectura, y por tanto objetiva, Rossi propone una explicación subjetiva basada en su propia experiencia vital.[55] Este subjetivismo rossiano nos confirma en el valor de la enseñanza desde la comprensión de la experiencia individual. Claro que para algunos esta explicación "vitalista" del racionalismo rossiano no deja de suponer una decepción, en tanto excluye la posibilidad de utilizar el código formal rossiano cuanto que sistema cerrado presto a ser utilizado. Con ello Rossi excluye la posibilidad de ser rossiano, en el sentido de utilizar el código, y obliga a sus posibles discípulos a seguir el camino de la propia subjetividad, o lo que es lo mismo, de una racionalidad otra.

Por medio de ese recurso, Rossi deja sin argumentos a aquellos que han querido ver en su obra un mero repertorio formal cerrado, capaz de ser utilizado indiscriminadamente. Es en este punto donde reside a mi juicio la importancia de la biografía rossiana, en tanto que paradigma de una experiencia pedagógica. Porque la subjetividad de las propias posiciones no excluye ni de largo la posibilidad de racionalizar la enseñanza. Antes al contrario, lo que exlica Rossi es la construcción de un sistema racional pero basado en el mero dato subjetivo. En esa objetividad desde la subjetividad radica el valor pedagógico de su propuesta.

Establecer el matiz, al referirse a esa idea de *azar* o *casualidad* es muy importante para el desarrollo de mi tesis, se trata de un azar referido a un marco objetivo, que es el de la institución. El conocimiento individual es fruto en parte del azar, pero es conocimiento en tanto que es institucional.

Planteamos el aprendizaje como una interiorización de la institución pero desde la experiencia individual, es decir desde el conocimiento que el alumno posee de la arquitectura, como punto de partida desde donde iniciar el diálogo. En esto estriba una de las diferencias fundamentales entre el aprendizaje de una disciplina artística y otra que no lo sea. En el aprendizaje de un médico, por ejemplo, lo importante es que el grado de conocimientos sea homogéneo, y de hecho es esencial para la medicina lograr que todos los médicos, ante un mismo problema, ofrezcan el mismo diagnóstico. La homogeneidad es el fin último de una pedagogía de las disciplinas científicas. En el caso de la arquitectura, o de las disciplinas artísticas, el valor del objeto en tanto que objeto artístico está en la diferencia, en un doble sentido: de un lado diferencia del objeto creado respecto de los demás objetos, pero también, como hemos visto al hablar de la analogía en tanto que mimesis, diferencia también respecto del objeto imitado.

Manfredo Tafuri ha explicado, en su *Historia de la arquitectura contemporanea* el significado de la vanguardia en tanto que pérdida del valor diferencial del objeto artístico, y lo compara a la "pérdida del aura" a la que aludió Walter Benjamin, para describir el nacimiento de una nueva estética basada en la reproducibilidad del objeto artístico, idea base de las vanguar-

La enseñanza de la arquitectura como poética

dias de inicios de este siglo. Con la idea de un objeto artístico producido industrialmente el valor de la diferencia parecía no tener ya sentido. En cualquier caso, esa diferencia que establece el objeto artístico con los demás objetos artísticos, es fundamental para comprender los procesos de creación.[45]

Por ello, para desarrollar una pedagogía de las disciplinas artísticas, asegurarse la *diferencia*, toma como base pedagógica la subjetividad de cada alumno, el azar fruto de una experiencia vital "institucionalizable", es un importante punto de partida.

¿Qué le estamos exigiendo al profesor de arquitectos, para que sea capaz de transmitir un conocimiento que se basa en la diferencia? ¿No es por definición imposible que algo que se plantea como original pueda ser enseñado, pues si es enseñado, adquirido por tanto, deja de ser original?

Este es el desafío: cómo normalizar lo subjetivo.

A partir de aquí podemos tratar de responder a la pregunta que afecta a la especificidad de la enseñanza de la arquitectura. De esa normalización de la diferencia, que es la principal característica de las disciplinas artísticas, podemos construir una pedagogía de la arquitectura.

La acción de "normalizarse" por parte del alumno supone, tal como hemos insistido hasta aquí, homologar sus propuestas a través de una analogía con la institución, y esa analogía supone un compararse con ella, o lo que es lo mismo, imitarla. Esa idea de *mimesis*, de imitación, es al tiempo una comparación que homologa las propias propuestas con respecto al valor social de la arquitectura, y es tambien fuente de *inspiración*, en el sentido que se convierte en motor de nuevas propuestas. La mimesis presenta esta doble lectura, de un lado actúa como motor de nuevas propuestas creativas, pero al mismo tiempo las convalida.

Es este un punto a considerar de especial importancia. Cuando afirmo que el aprendiz de arquitecto, al imitar la institución, se inspira y al tiempo convalida y da significado cultural a sus propuestas, sé que eso no se produce en la mayoría de los casos conscientemente, como fruto de una reflexión completa por parte del artista, sino a través de mecanismos inconscientes. Pero lo importante, desde mi punto de vista, es que siempre se produce de esta manera, como oposición entre una imitación en el sentido más amplio del término y una convalidación intitucional de la propuesta, convalidación que es cultural, es decir social.

Es preciso en este punto ponerse de acuerdo sobre aquello que entiendo al referirme al valor *cultural* de una propuesta. Al utilizar el término *cultura*, lo hago refiriéndome al sentido que establece Malinowsky en *Una teoría científica de la cultura*,[46] no tanto por el valor concedido al determinismo funcionalista que la idea de *cultura* de Malinowsky supone, como porque su definición a partir de las costumbres y usos sociales lleva implícitos dos elementos de especial valor para mi trabajo. Son éstos la idea de *organización social*, consecuencia de la idea de función, pero que lleva aparejado la idea de una estructura organizativa, y la idea de *institución*, elemento esencial para la definición de una pedagogía de la arquitectura en sentido dinámico.

Para Malinowsky, las instituciones son los elementos básicos de la organización humana, por ello la cultura es "*... un compuesto integral de instituciones, en parte autónomas, y en parte coordinadas*".[47] Todo ello regido por una serie de principios. Por tanto esta idea de cultura institucionalizada nos permite utilizar convenientemente el término al referirnos a la labor del arquitecto como dotada de valor cultural. Pero debemos siempre tener en cuenta que este valor de cultura lleva siempre implícita su propia transformación con una interrelación con el medio ambiente en la que se encuentra. Por ello insitimos en que la arquitectura no queda culturalmente determinada, sino que institución y arquitecto se someten a un proceso de interrelación, sin que exista un previo determinismo de uno sobre otro.

Aquí reside, desde mi punto de vista, la principal tarea de un educador de arquitectos: introducir en la esfera de lo consciente algo que en la mayoría de los casos se produce por medio de acciones del inconsciente. *En ese tránsito de lo no consciente a lo consciente se produce el verdadero aprendizaje por parte de un aprendiz de arquitecto.*

Consideramos una doble tarea para el profesor de arquitectos: por una parte convalidar, por comparación con la institución, las propuestas de sus alumnos; de otra pasar del subsconciente, al plano consciente los procesos de pensamiento a través de los cuales un diseñador resuelve los problemas arquitectónicos que se le plantean.

Este doble esfuerzo por parte del profesor se produce en dos planos distintos, el de la institucional y el individual, pero el de un individuo en relación con la institución.

El concepto de *mimesis* lleva implícita la idea de modelo pues la imitación precisa de una referencia sobre la que proyectarse. Pero esta idea de modelo es peligrosa en tanto que el modelo sugiere la idea de copia. Así utilizando la *mimesis* parece que estaríamos destruyendo al tiempo la posibilidad de establecer *diferencias*, que es lo que afirmamos perseguir en tanto que factor que asegura la creación; pero, además estaríamos poniendo los cimientos para una enseñanza basada en la mera copia de sistemas codificados, de la misma manera en que se enseñaba en las academias de arte la copia de modelos estilísticos. Por ello es necesario definir el *modelo*, atendiendo a esa posibilidad de diferencia, diferencia que supone al tiempo la imposibilidad de la copia literal de modelos.

En este sentido Quatremere de Quincy explica[48] cómo la imitación lo es de modelos generales que no están en ninguna parte y que, por tanto, son construcciones mentales, inteligentes, de tal forma, pone el ejemplo, que si diéramos a todos los dibujantes un mismo objeto a copiar, aparecerían tantos dibujos diferentes como dibujantes hubiera puesto que, concluye, *la imitación supone una comparación con un modelo ideal, que está en ninguna parte, y que es una construcción mental de cada uno de los artistas, que es siempre diferente a los demás, y depende de la inteligencia.* Con ello se asegura el valor creativo de la mimesis, que no es una mera repetición, que es algo más, y que ese algo depende de la inteligencia, aunque para Quatremere esa "idea" sea incomunicable para el artista, pues pertenece a su *genio*.

Pero incluso ese punto juega a mi favor, pues esa construcción, como bien nota Quatremere, aunque lo es de la inteligencia, no tiene por qué ser lógica, en tanto que proceso unitario y continuo, explicitable de una sola vez; sino que influyen en ella aspectos biográficos, existenciales, culturales, etc. Pero por ello, porque en muchas ocasiones es inexplicable para el propio artista de dónde nace ese *genio* interior, que permite diferenciar su trabajo del trabajo del resto de artistas, es por lo que nos parece fundamental la aportación del educador. Y ello porque es capaz, no tanto de reproducir el proceso de formación de ese *genio*, sino de "socializarlo" y, por medio de la analogía, permitir modificación.

Coincidimos, pues con Quatremere, en que existe en cada artista una construcción interior, fruto de la experiencia personal, a mitad de camino entre lo no consciente y lo consciente, y que es principal trabajo del educador, tal como ya exponíamos anteriormente, "presentarlo", pues con ello se consigue el efecto pedagógico. Llegamos a esa necesidad de presentar ante el alumno su propio genio. Nos falta establecer cuál es la mejor manera para conseguirlo. Pero no sólo eso, pues ese proceso de explicación debe ser inteligible por cualquiera, dado que, tal como hemos establecido, esa explicitación del genio, se produce en la esfera de lo colectivo, y por tanto no es algo entre dos, alumno y profesor, sino que es compartido por cualquier otro.

El objeto de la imitación arquitectónica

Recapitulando lo anteriormente expuesto, hemos visto cómo la existencia de un modelo a imitar en la arquitectura nos introducía en la idea del *genio* del arquitecto, que anteriormente definíamos en función de su conocimiento, del nivel cultural de su experiencia vital, no sólo respecto de la arquitectura, sino de su nivel de conocimiento general, no específicamente arquitectónico. Posteriormente hemos definido esa facultad de producir *modelos* como consecuencia de un proceso guiado por la inteligencia. A partir de aquí será importante ver cuáles y cómo son los objetos que imita la arquitectura. No su condición sino su propia materialidad.

Es básico establecer cuáles son los objetos que imita la arquitectura, pues ese aspecto, el del objeto imitado, establece diferencias fundamentales entre la arquitectura y otras disciplinas artísticas, en especial la pintura y la escultura, similares a la arquitectura en tanto que pertenecen al dominio de las artes plásticas.

La diferencia fundamental y lo que confiere especificidad a la arquitectura respecto de las demás artes imitativas reside en que, mientras pintura y escultura imitan objetos, objetos externos a la propia institución, la arquitectura lo hace de objetos arquitectónicos. Es decir el pintor no imita otros cuadros, sino paisajes, seres u objetos inanimados; por contra, el objeto de la imitación del arquitecto es la misma arquitectura.

Así lo han hecho notar varios autores y más recientemente Jorge Silvetti,[49] al referirse al concepto de *realismo* en la historia de la arquitectura y su evolución, insistía en la especificidad de la arquitectura, que se imita a sí misma. Para Silvetti, así como para otros autores,[50] el realismo en arquitectura se define en función de la capacidad que ésta tiene para establecer la comunicación con los usuarios. Desde este punto de vista, algunos presupuestos de Movimiento Moderno carecerían de ese realismo, en tanto que se producían desde sistemas culturales al margen de la tradición de los usuarios. Para él, la recuperación de ese realismo pasa por la recuperación de la historia en tanto que ello permite restablecer los canales de comunicación con el público. Para ello, y aquí reside su aportación, se debe producir la imitación de aquella arquitectura que tiene sentido para un determinado contexto social. De esta manera, y junto a la idea de realismo, se propone la idea de imitación de una realidad, que es la propia arquitectura. En el mismo sentido se pronuncia Quatremere de Quincy en su obra *De l'Imitatión*.[51]

Para Quatremere, la arquitectura tiene como objeto mítico la arquitectura griega, que es la primera que merece tal nombre. A su vez la arquitectura griega es consecuencia de la utilización de unos determinados materiales de construcción, básicamente la piedra, aunque para Quatremere incluso esa explicación puede ser discutida siempre y cuando se acepte que, en último término el mito de la cabaña puede ser entendido como una alegoría del objeto mítico de la arquitectura que no se puede abandonar al mero capricho. Por tanto y de alguna manera existe esa aceptación de la arquitectura como disciplina que también imita pero que extrae de ella misma los mitos a utilizar.

Podemos concluir que la *mimesis* no es más, en el campo de la arquitectura, que una forma de analogía de la institución ensimismada. Por tanto la arquitectura funciona como institución que se imita a sí misma por medio de la analogía.

Lo esencial de una pedagogía arquitectónica, tal como la estamos construyendo, estaría en establecerse como un sistema abierto, sistema abierto que posibilite la "presentación" al alumno de su propio *genio*, que es una construcción de la inteligencia de carácter cultural, entre un proceso consciente y una evolución inconsciente. Y ese *genio* es análogo a la institución, en tanto cambia por medio de las nuevas experiencias puntuales. Entonces una pedagogía arquitectónica debe preocuparse esencialmente de cómo presentar ese genio, que es propio de cada alumno e irrepetible, para que dejando de ser una construcción al margen de cualquier posibilidad de comprensión adquiera sentido por analogía con la institución. Es decir el trabajo de un alumno que está basado en su propia subjetividad sólo adquiere sentido institucional en tanto que contrapuesto con la institución. Y aquí contrapuesto no quiere decir contrario a la institución, sino puesto con ella.[52]

Eso supone, por parte del profesor, transmitirle al alumno, la seguridad de que su trabajo es análogo al de otros arquitectos, y conseguir que sus propuestas tengan valor cultural. Transmitir al alumno, aquellos mitos, socialmente significativos, que están indefectiblemente en la base de sus propuestas creativas. Pero transmitir mitos con contenido social, ¿no es eso una poética?

El profesor, por tanto, se configura como el intermediario que posibilita al alumno la comprensión de su propio trabajo, presentándolo "institucionalizado", es decir referido a un contexto cultural más amplio al que pertenece. Es esta presentación, la del profesor, la que posee una estructura que consideramos análoga, como intentaremos demostrar, a la estructura que define Aristóteles para su poética.

El protagonismo de la acción pedagógica que hemos puesto en manos del alumno, en tanto que es él quien proporciona el objeto -su proyecto-, acción individual, subjetiva, que pasa por tanto, a manos del profesor, que se constituye en poeta. En tanto que poeta, el profesor de arquitectura es autor de un drama, la propia acción pedagógica, que posibilita al alumno la comprensión de la dimensión social de su proyecto, que ya no es una invención vacía de contenido sino que es una acción social, y por tanto con valor cultural.

Así el profesor de arquitectura actúa como poeta, que imitando una acción, el proyecto de un alumno, por medio de mitos con contenido social, produce en el alumno un reconocimiento de su acción, como perteneciendo a un nivel superior, el de la institución, que le confiere sentido. Ese reconocimiento, que supone una emoción, emoción de carácter estético, tiene para el alumno un gran valor pedagógico, y se puede comparar con la idea de *catarsis*, definida por Aristóteles como función última con contenido social, que debe asumir un poema. Esa emoción, fruto de un "reconocimiento", posee un gran contenido pedagógico.

A partir de aquí trataremos de razonar el porqué de ese valor pedagógico que tiene una poética, construida sobre la base de la imitación de una acción individual, el proyecto de un alumno, al que se le confiere contenido social en tanto que es referido a la institución.

De la analogía a la poética

El protagonisno, por tanto, lo recupera el profesor, que pasa de mero sujeto paciente a constituirse en el autor de una experiencia pedagógica que, por medio de la analogía, confiere valor cultural a la acción individual de un alumno.

Y esa y no otra es la labor de una pedagogía de la arquitectura. Es decir, como trataremos de demostrar, el profesor de arquitectos lo que debe procurar es construir una poética que permita al alumno reconocer su proyecto individual como perteneciendo a una instancia superior, en la que toma significado. Una pedagogía de la arquitectura debe posibilitar ese paso de la esfera individual a la esfera colectiva, que es social y por tanto cultural, pero tal como hemos definido ese paso esencial para la formación de la personalidad de un arquitecto, ese paso de la esfera de lo individual a lo colectivo tiene una estructura "poética", en el sentido aristotélico del término. Por ello el profesor de arquitectura, si se propone conseguir contextualizar las acciones subjetivas de un alumno, realiza una función análoga a la de un poeta que crea un poema. Como consecuencia de ello, concluimos que la labor de un profesor de arquitectura, en tanto que pedagogo, tiene un profundo valor creativo, pues se resume en una dimensión poética.

En un determinado momento del proceso pedagógico el alumno se constituye en espectador de un poema, poema o drama que ha construido el profesor usando para ello el tema sugerido por su proyecto. El proyecto presentado por el alumno se ajusta a la definición de *habla*, que hemos establecido a partir de la lingüística saussuriana, en tanto que uso individualizado de la institución, y por ello actúa como objeto mítico, acción que es imitada. Lo que pretendo demostrar es que la representación por parte del profesor de esa tragedia tiene un gran valor pedagógico, y que asegura la consecución de varios objetivos al tiempo.

Un aspecto esencial de la enseñanza constituida como poética es conferir valor cultural a las propuestas del alumno, es decir contextualizar su propuesta en un ámbito más amplio, que no es más que el reflejo de su conocimiento de la institución.[53] Con ello defiendo la tesis de que cualquier propuesta arquitectónica tiene tras de sí un contenido cultural, o si se prefiere, una teoría que la soporta, independientemente de que consideremos esa cultura interesante. Establecer el contexto cultural en el que se desarrolla la propuesta del alumno es fundamental para el aprendizaje, pues sólo desde su conocimiento es posible conseguir su modificación.

Como afirmábamos en capítulos anteriores, todo alumno que llega a una escuela de arquitectura, o mejor tras unos cursos en ella, posee una determinada cultura arquitectónica, referida no sólo a los aspectos más técnicos de la institución, sino también a aspectos esenciales de contenido estético. En ocasiones la cultura que presenta el alumno no contiene rasgos de especial interés, y por ello debe ser modificada por parte del profesor.

La enseñanza de la arquitectura como poética

Esa modificación se efectúa desde la institución y con la ayuda de la analogía; construyendo una poética de la que el alumno es el principal espectador, pero precisamente por su construcción institucional no es de su comprensión exclusiva, sino como demostraremos su comprensión es independiente del objeto imitado y, por tanto, comprensible no sólo por el propio alumno que presenta la propuesta, sino por cualquier otro que presencie la representación.

Pero al tiempo que una enseñanza poética permite un aprendizaje, lleva implícita por su propia constitución la posibilidad de una continua evolución de la capacidad de diseño de un arquitecto, en tanto que asegura el mecanismo para la continua puesta en crisis de los propios presupuestos. Por tanto una enseñanza poética no es sólo una enseñanza de un conocimiento concreto, sino que lleva en ella la semilla de una evolución constante por parte del artista. Una enseñanza poética no es tanto un "dar de comer al hambriento" cuanto un "enseñarle a pescar".

Como corolario de lo anteriormente expuesto, es decir el valor pedagógico que una poética posee, estamos aceptando que, por serlo, esa poética construida por el maestro tiene valor *per se*, es decir esa poética sobre la que se construye una pedagogía es a su vez un hecho creativo, siempre distinto, y que exige del maestro un conocimiento no sílo de la institución sino también de la articulación de una poética. Por tanto el trabajo del maestro de arquitectura es creativo en sí mismo, tal como lo definimos. Puede ser este un punto controvertido en tanto que la acción pedagógica difícilmente se conserva, puesto que suele ser una construcción verbal, de la que no queda constancia. Pero el hecho de que permanezaca o no, no modifica el hecho de que sea en sí un acto creativo. Este es un punto importante que también pretendemos demostrar.

En este capítulo afrontaremos la explicación de la pedagogía de la arquitectura como construcción poética, que al tiempo que se basa en la subjetividad de la acción individual, se afirma en la institución como instancia que convalida esas acciones individuales.[54]

Poética y arquitectura

Con este enunciado pretendo demostrar que la enseñanza de la arquitectura, si tal como hemos expuesto anteriormente la arquitectura es un sistema dinámico en continua transformación, regulado por la analogía, debe estructurarse como poética.

Y ello porque la poética, tal como la define Aristóteles, es una construcción que imita acciones con contenido social.[55]

De la analogía a la poética

Esto supone, en primer lugar, definir una acción presta para ser imitada. Establezco que esa acción es una propuesta de diseño de un alumno, presentada de diversas maneras, no sólo gráfica sino también verbalmente, que se convierte en la acción sobre la que construiremos el poema. Lo importante de esa acción no estriba tanto en su singularidad como especialmente en la posibilidad de su generalización.

Las acciones poéticas lo son en tanto que capaces de remitirnos a mitos sociales, culturalmente aceptados por tanto, que exceden la mera propuesta puntual y singular, y se constituyen en arquetipos de formas de comportamiento. Como hace notar Aristóteles,[56] el valor poético de una obra teatral no estriba en la explicación detallada de las vicisitudes de unos personajes, sino que lo verdaderamente importante, lo que le da verdadero significado es que la acción se pueda comparar con actitudes míticas, socialmente significativas, más allá de la mera anécdota. Lo trascendente no se halla en los personajes que actúan sino en los mitos que imitan.

Un primer e importante paso para construir una poética es que no explique una historia de manera individual y anecdótica sino que, sobre todo, esa historia pueda ser entendida dentro de un determinado contexto cultural, donde los mitos que el poema proponga puedan ser comprendidos.

El corolario de esta afirmación estriba en que una poética no se construye en función de un espectador tipo, sino que su valor está en la obra misma, independientemente de la valoración que un público concreto pueda hacer de ella. Esta puntualización es fundamental, pues permite obviar un aspecto importante del efecto pedagógico de la poética. Se trata de que, una vez establecida la acción a imitar, el proyecto de un alumno, la construcción poética es independiente de la valoración que de ella pueda hacer el alumno. Es decir una vez expuesto su proyecto, éste habla por sí solo independientemente de la valoración que el autor pueda producir.

La propuesta del alumno es, pues, la anécdota sobre la que construimos el poema, bien entendido que esa anécdota no tiene sentido por sí sola, que debemos intentar "contextualizarla" para, de este modo, hacerla comprensible al espectador, es decir el poema construido por medio de la imitación del proyecto del alumno debe ser verosímil.

A partir de aquí, el profesor, con el dato que supone la acción que propone el alumno, debe proceder a construir una poética, es decir debe imitar esa acción con el fin de crear un relato que convierta la acción individual, propuesta por el aprendiz, en acción perteneciente al conjunto de una sociedad. La presentación al alumno de esa acción "socializada", o si preferimos institucionalizada, provoca en él una emoción basada en el reconocimiento. De esa emoción nace un aprendizaje. El comprobar el alumno que un objeto ideado por él no es un objeto sin ninguna significación, salvo para él, sino que pertenece a un contexto más amplio y que puede ser compartido por los demás, le permite darse cuenta de que sus propuestas tienen sentido, que no son meras y abstractas invenciones sin significado, sino que están respaldadas por el peso de la institución. La labor del profesor-poeta está, en primer lugar, en institucionalizar las propuestas del alumno.

Esta institucionalización se realiza por medio de la analogía, que permite pasar la propuesta del alumno del campo individual a la esfera de lo colectivo. Esta contextualización de la propuesta del alumno debe desembocar en una figura *poética* de las establecidas por Aristóteles en su *Poética*. Dicha figura es la del *reconocimiento*.

Reconocimiento significa, en sentido etimológico, pasar de la ignorancia al conocimiento, y en su sentido poético supone además una emoción. Una emoción que desde el punto de vista pedagógico supone un aprendizaje. El alumno en ese reconocer se reconoce, comprende, como si se enfrentara a su propia imagen reproducida en un espejo, la dimensión institucional de su trabajo. Así el alumno ve de una manera otra su propio trabajo: el trabajo del profesor radica precisamente en que esa nueva visión sea efectivamente nueva, pues de ello se derivará una mayor emoción poética.

El reconocimiento no califica su propuesta, en el sentido que no por el hecho de que su trabajo pueda ser comparado con otras propuestas signifique que tenga un buen nivel, antes al contrario, la imagen que puede transmitir ese espejo puede ser una imagen informe. Pero, tanto si la imagen análoga a la propuesta del alumno es interesante como si es insignificante, ese reconocimiento se produce y cumple su función pedagógica, si el resultado es reconfortante para el alumno igual que si produce en él una emoción negativa. Al fin y al cabo el avance pedagógico reside en ese paso de lo individual a lo colectivo, aunque la cultura que refleje la acción poética del profesor no sea culturalmente interesante.

Hay un punto muy importante en cualquier pedagogía que se refiera al campo de las disciplinas artísticas, que es el del rechazo de algunas propuestas de alumnos a los que se considera incapaces de aprender precisamente por la aculturalidad de sus propuestas. Y eso es absolutamente falso.

En el campo específico de la arquitectura esta presunta aculturalidad de la propuesta del alumno se presenta al profesor envuelta en un dibujo de evidente mala calidad, que en ocasiones el profesor califica de infantil. Esto es así, pero de ello no puede deducirse que el alumno no sabe expresarse gráficamente y que por tanto difícilmente podrá aprender a diseñar. Lo que suele ocurrir es que la falta de ideas arquitectónicas se presenta a través de una mala representación, pero no por ello el alumno es incapaz para adquirir un mayor nivel de diseño. Lo importante es sugerirle ideas de acuerdo con su cultura, pues, y siempre ocurre, aquel que parecía un mal dibujante era tan solo un diseñador sin ideas arquitectónicas. Sobre este tema insistiremos en capítulos posteriores, sirva este inciso sólo como llamada al problema.

Cualquier propuesta de diseño tiene tras sí una "cultura", independientemente de la valoración que nos pueda merecer ese contexto cultural en el que la podamos incluir. Si ese contexto cultural es el de la arquitectura comercial que vemos en nuestras ciudades, ese es un dato fundamental como punto de partida para resolver el aprendizaje de un alumno. Ese dato es imprescindible y la poética que el profesor-poeta planteará será una que presente al alumno su trabajo como perteneciente a esa subcultura. Y eso es importante porque a pesar de que la "comedia" se transforme en un "drama", el reconocimiento tiene un gran efecto pedagógico en el alumno quien, precisamente si su nivel cultural es bajo, tiene por ello una mayor dificultad para valorar la falta de contenido institucional de su trabajo.

El reconocimiento supone siempre la presentación a los ojos del alumno-espectador de un modelo, que se pretende análogo a la propuesta por él elaborada. Ése debe ser un modelo institucionalmente valorado, que permita al alumno su "imitación". Al fin y al cabo la tragedia no es más que la imitación de hombres mejores que nosotros.[57] Y es ese el camino a seguir: conducir al alumno, a través de la imitación de sus acciones, hacia la analogía de acciones mejores que las suyas.

Un tema a considerar es ese valor pedagógico que atribuimos a la poética aristotélica. Son varios los autores que defienden ese valor de enseñanza implícito a una poética en el sentido aristotélico del término.

Tal es el caso de Paul Ricoeur,[58] que, citando a Aristóteles en su *Ética a Nicómaco* afirma que "*el placer de aprender es el de reconocer*"; por tanto el reconocimiento es al tiempo construido en el interior de la obra y probado por el espectador externamente a ella. Con ello Ricoeur, utilizando a Aristóteles establece el valor de aprendizaje que posee una poética en tanto que *mimesis*.

Al tiempo Ricoeur, al precisar que la mimesis lo es de una acción, se evita por ello el problema de la copia literal, uno de los temas de los que tanto hemos insistido al hablar de mimesis y de analogía, a la que concedíamos la ventaja de establecerse desde la diferencia. Al mismo tiempo que esta es una acción dinámica, establece que la mimesis enseña.

En el mismo sentido James Redfield[59] establece el valor de enseñanza que tiene la imitación. La poética toma sentido en tanto que el espectador no se apropia un mundo creado por la obra, sino que se trata de un mundo cultural. El poeta es un productor de cultura. Éste, el del valor cultural de la obra, es también fundamental para comprender el trabajo del profesor-poeta, que no inventa desde la propia subjetividad sino que lo hace desde el contexto cultural en el que la obra adquiere todo su significado.

Así, siendo el poeta un productor de cultura, de una cultura que no es creada exnovo por la obra sino que de hecho existía ya, controlamos el valor pedagógico que tal poema posee para el alumno.

Al hablar del valor de la creación artística no como invención desde la subjetividad del artista es preciso referirse nuevamente a Gombrich, que en su ensayo *Norma y forma*[60] insiste en analizar las obras del Humanismo a la luz del contexto cultural en el que se desarrolla. Gombrich demuestra que, previa a cualquier innovación artística de cualquiera de los maestros renacentistas, habían existido discusiones teóricas que creaban el contexto en el que esas innovaciones adquirían sentido. Es decir, Gombrich descarta una visión de la historia del arte construida desde aportaciones individuales al margen del contexto cultural en el que se inscriben. La creación es una invención desde la subjetividad pero inmersa en un contexto cultural. Y lo que nos propone una poética es precisamente esa construcción desde el contexto, desde la acción con contenido social. Es por ello que una poética así construida tiene un valor de enseñanza para el espectador, en tanto que comprender una poética supone esencialmente comprender el contexto cultural en la que se inscribe. Por ello una poética se configura finalmente como un aprendizaje de una cultura, pues su valor es cultural.

Podemos afirmar, por tanto, que una poética tiene un valor pedagógico inherente a su propia estructura, basada en el reconocimiento, lo que nos permite seguir en la exploración de este camino que nos asegura la posibilidad de desarrollar muchos de los aspectos específicos de la enseñanza de disciplinas artísticas, especialmente la arquitectura.

NOTAS

42. Ludovico Quaroni. *Proyectar un edificio. Ocho lecciones de Arquitectura.* Madrid, Editorial Xarait, 1980. Traducción del original italiano publicado en 1977.
43. Aldo Rossi. Op. cit.
44. Reencontramos esta idea de "casualidad", similar a la de "azar" de Félix de Azúa, que utilizábamos en el capítulo anterior. Op. cit., página 35.
45. Manfredo Tafuri. Artículo sobre las aportaciones de las Vanguardias históricas en *Historia de la Arquitectura Contemporánea.* Madrid, Editorial Aguilar, 1978. Página 120 y siguientes, capítulo VIII. También en Walter Benjamin, 1936.
46. Bronislaw Malinowsky. *Una teoría científica de la cultura.* Madrid, Editorial Sarpe, 1984. En el mismo volumen se contiene el ensayo "La teoría funcionalista" donde hallamos las definiciones de función e institución.
47. Op. cit., página 60.
48. Quatremere de Quincy, *De l'Imitation.* Bruselas. Editions Archives d'Architecture Moderne, 1980. Facsimil de la edición original publicada en París en 1823. Página 182 y siguientes.
49. Conferencia de Jorge Silvetti en el Colegio de Arquitectos de Catalunya.
50. Sobre el realismo, es especialmente significativa la aportación de los arquitectos catalanes de los cincuenta, que a través de la imitación de sistemas constructivos tradicionales, y de un repertorio simple de elementos incidieron sobre los mismos temas.

51. Quatremere de Quincy. Op. cit., página LII del Dictionaire d'Architecture.
52. Ver también B. Malinowsky, op. cit,. para comprender el valor cultural del genio.
53. Aquí debemos entender la institución en el sentido funcional del término, es decir sin tener en cuenta posibles valoraciones, sino solo el hecho de que todo hecho que afecte a la edificación de una u otra manera afecta a la Institución. En este sentido Roman Jakobson utiliza en su "Lingüistica y poética" Madrid, es. Cátedra, 1984, un término similar al referirse a la poética funcional, sin valorar su posible calidad, sino tan solo su estructura.
54. Sobre el término institución lo prefiero al normalmente utilizado de disciplina, pués este lleva implícita la idea de someterse a ella, entendida como conjunto de normas de una ciencia o arte.
55. Aristòtil. *Poètica*. Barcelona, Editorial Laia, 1985. Traducción de Joan Leita.
56. Aristóteles. *Poética*. Barcelona, Editorial Bosch, 1977. Traducción de José Alsina Clota.
57. Aristóteles. Op. cit. (trad. José Alsina), página 225.
58. Paul Ricoeur. *Temps et rècit*, París. Editions du Seuil, 1983. Tomo I, pag 81.
59. James Redfield, "Nature and culture in the Illiad. The tragedy of Hector". University of Chicago Press, 1975.
60. E. Gombrich, op. cit. pag. 10.

V. La enseñanza de la arquitectura como poética

Poética y pedagogía de la arquitectura

En el capítulo anterior establecía que la enseñanza de la arquitectura presenta una estructura similar a la estructura poética tal como la define Aristóteles. En este capítulo pretendo estudiar esa relación, incidiendo en las posibilidades que tal analogía entre enseñanza y poética proporcionan. La posibilidad de integrar en un solo momento lo individual y lo colectivo permite pensar en una pedagogía que, a partir de la comprensión del trabajo individual, dé solución a la enseñanza como hecho social.

Para ello debemos, en primer lugar, profundizar en el conocimiento de lo que el término *poética* nos aporta, para de esta manera proponer una pedagogía basada en una construcción poética que nos dé las pautas para construir nuestra pedagogía.

Afirma Aristóteles en su *Poética*,[61] cuando se refiere a los orígenes de la poética, que la imitación, que es su fundamento, es connatural al hombre, y que por ello es diferente al resto de animales: el hombre adquiere sus primeros conocimientos imitando. También encontramos la referencia al valor de la imitación como aprendizaje, aprendizaje basado en un placer, o mejor emoción producida por la imitación. Insiste Aristóteles en que en la complacencia en la contemplación de las imágenes hay un aprendizaje, porque al mirarlas se aprende de ellas.

Referirse en estos momentos al placer estético como base de un aprendizaje debe ser explicado de alguna manera. Para ello podemos utilizar la referencia a uno de los últimos trabajos aparecidos, referidos al tema de la estética y basados en la estética del receptor. Este es el libro de Hans Robert Jauss, *Experiencia estética y hermenéutica literaria*.[62] En él Jauss se cuestiona sobre el valor del placer (*genuss* del aleman) y sobre la historia del término en los tratados de estética. También Jauss cita a Aristóteles para hablar en el límite del placer estético, y hace la defensa de un placer basado en la imitación de lo feo. En cualquier caso, concluye, este placer existe y se basa en dos aspectos diferentes. De un lado en el valor técnico de la imitación bien hecha, y de otro en el reconocimiento que el espectador experimenta frente al arquetipo imitado. Como hemos visto esta idea de arquetipo está en la base de una imitación que no sea una simple copia.

Por ello vemos que la imitación, incluso de arquetipos desagradables, produce siempre un placer, que es un placer estético. Este es un punto especialmente, importante y que usaremos posteriormente al hablar de la imitación que un profesor de arquitectura debe efectuar, al enfrentarse al trabajo de los "malos alumnos", aquellos cuyo trabajo nos remite a arquetipos feos.

Para Jauss, la creación estética se resume en tres planos, que no son superpuestos, en diferentes momentos, sino que son tres funciones sincrónicas que permiten lecturas simultaneas y distintas. Así estos tres planios son los correspondientes a la *poiesis*, la *aisthesis*, y la *catarsis*, que se corresponden con las tres categorías básicas de la experiencia estética.

Aceptamos, pues, como una de las propiedades más importantes de la poética, para el desarrollo de este trabajo, su facultad de producir un aprendizaje en un espectador, por medio de una emoción basada fundamentalmente en la capacidad emotiva, en el placer estético, que cualquier imitación, por el mero hecho de serlo, produce. Aprovecharemos esa capacidad emotiva de la imitación basada en un placer para hacerla jugar a nuestro favor, y construir a partir de ella una pedagogía. Todo ello atendiendo al hecho que una experiencia estética poética lleva aparejada una *aisthesis*, es decir una experiencia estético-receptiva.

El aprendizaje supone una experiencia positiva unida a una sensación de goce, en el sentido de una emoción estética. Confirmamos de esta manera, como ya habíamos intuido, que esa capacidad de aprender se relaciona de una manera profunda con la mimesis. Por ello, si definimos la poética como imitación de acciones, nos estamos asegurando la posibilidad de un aprendizaje basado en esa imitación.

Al tiempo que reseguimos la poética aristotélica con el fin de extraer de ella aspectos que interesen a nuestro planteamiento sobre la poética como pedagogía, utilizaré como texto alternativo para matizar y profundizar en el escrito de Aristóteles el trabajo de Paul Ricoeur, *Temps et Reci*t, en estos casos.[63]

Para Ricoeur, que establece una lectura comparada entre San Agustín y sus *Aporías del tiempo* y la poética aristotélica, la poética reside en la pareja mimesis-*muthos*. *Muthos* tiene el sentido de arreglo de los hechos en sistema, pero sobre todo *muthos* se hace coincidir con la idea de *intriga*. Intriga definida como: arreglo de los hechos en sistema. Como consecuencia de ello la poética queda establecida como la "composición de intrigas".

La poética, así establecida, proporciona una equivalencia entre mimesis entendida como representación de acciones, y el arreglo o composición de los hechos en sistema. De esta manera la intriga ocupa el lugar de la imitación de acciones. Por tanto el poeta vuelve a contar unos hechos, y por ello su labor está no en los hechos en sí mismos, sino en su organización en el tiempo. Así resulta imposible confundir la mimesis poética con una mera copia de un modelo, pues por ser un trabajo de organización en el tiempo tiene *per se* un sentido dinámico. Como consecuencia de esta idea de poética, el poeta pasa a ser el agente que constituye el paso de la discordancia a la concordancia. Esta es la principal aportación del poeta, obtener la concordancia de hechos que existían previamente. Se incluye de esta manera la idea de *muthos* en la propia estructura del relato.

Para Ricoeur los hechos carecen, por serlo, de concordancia. Son producto del azar, de la casualidad. El poeta reconduce esa *distentio* hacia una concordancia. El poeta confiere concordancia a hechos que por su naturaleza no la tienen. A esa construcción Ricoeur le llama *relato*.

Nuevamente encontramos el azar, la casualidad, como motor de hechos que escapan al control de la historia. El trabajo del profesor lo acotábamos en el sentido de organizar, de dar orden a la casualidad, que siempre estaba detrás de la experiencia arquitectónica de un alumno.

El poeta es un arreglador de relatos, en esa actividad reside su aportación. Coincide por tanto con una visión *dinámica* de la mimesis, que excluye la mera copia de un modelo. Ricoeur acepta, con Aristóteles, que *la mimesis es una actividad y una actividad que enseña*.

La actividad del profesor de arquitectura se configura dentro de la idea de "arreglo de los hechos", hechos que en principio no tienen por qué seguir una lógica previa. La construcción lógica en tanto que totalidad es un arreglo del profesor, que toma unos hechos que le vienen dados, el proyecto de un alumno y por medio de la mimesis, obtiene la *concordancia*, allí donde solo existía la casualidad. En este "arreglo de los hechos" reside la principal labor del educador de arquitectos.

Esto es así, porque según vemos, esa actividad poética posee la capacidad de producir un aprendizaje, no sólo en aquel que la construye, sino especialmente en aquel que la disfruta en tanto que espectador, aunque el objeto imitado sea incluso un objeto desconocido para ese espectador.

La enseñanza de la arquitectura como poética

Otro aspecto importante que debemos considerar con respecto a la poética es que lo fundamental está en ella misma, es decir en esa concordancia construida desde la discordancia, en lo específico de esa construcción, no en lo externo a ella. Esto quiere decir que el espectador es un mero sujeto paciente al que se dirige la acción poética, pero que ésta no le es subordinada. Se evita así un problema que ha dificultado en gran medida la comprensión correcta de la poética aristotélica a lo largo de la historia. Consiste esa mala interpretación en el papel que debe jugar el espectador en la construcción del relato. Esta posición obliga a definir un espectador tipo, que es aquel capaz de comprender la trama del relato, en difíciles estudios sobre las condiciones intelectuales que debe poseer, cómo es ese espectador medio, y una serie de hipótesis de corte psicologista que ayuden a definirlo. Esto no debe ser así, pues tal como Aristóteles define la poética, su valor en tanto que creación está en el relato mismo, en su estructura compositiva, en el arreglo de los hechos, y es independiente del espectador al que va dirigido. Esto no quiere decir que el espectador no esté implícito de alguna manera en el relato, en tanto que los mitos "imitados" lo son con contenido social, culturales por tanto. Ello asegura de algún modo la comprensión del relato poético, pero dista mucho de ser una subordinación del relato al efecto que esperamos que produzca en un espectador "normal".

Sobre este punto de singular importancia, Bernard Weinberg, en su artículo "From Aristotle to pseudo-Aristotle", repasa los errores que sistemáticamente se han repetido a lo largo de la historia en el análisis de la poética aristotélica, tendente a dotarla de una visión platónica, donde la calidad del relato poético reside en la valoración que de él pueda hacer un determinado público.[64]

De este trabajo extraemos como consecuencia para nuestro objetivo que la pedagogía arquitectónica, en tanto que resuelta como una poética, es independiente del espectador al que se dirige, y que no es una construcción de tipo psicologista que precise previamente un análisis de tipo psicoanalítico del sujeto al que se dirige, sino que, precisamente por constituirse en poética su calidad pedagógica, el efecto que producirá está en el relato que construya el profesor independientemente del alumno. La obra no está pensada para complacer al espectador: sólo su calidad como relato nos asegura su efecto pedagógico.

Recomponiendo lo hasta aquí expuesto, el profesor de arquitectos es un poeta que imita acciones elevadas, análogas a las que le presenta un alumno, de tal manera que esa imitación posibilita un reconocimiento, reconocimiento que produce una emoción estética que es la base de un aprendizaje.

En este punto podemos referirnos nuevamente a Jauss,[65] que, al hablar del placer estético, se refiere explícitamente al valor estético de ese reconocimiento y nos remite al tiempo a una proustiana búsqueda del tiempo perdido. Debemos andar con precaución por este punto de nuestro análisis, para no caer en un psicologismo que anule el valor institucional que hemos conferido a la imitación del poema pedagógico. Debemos recordar que ese reconocimiento lo es siempre de la propia acción del alumno respecto de la institución. Evitamos de esta manera el "distanciamiento" que establece el modelo de Blumenberg, basado en una inmunidad respecto de las acciones imitadas en tanto éstas no nos implican directamente. Este distanciamiento permite "disfrutar" poéticamente de acciones uqe son esencialmente negativas y que nos remiten al terror, la repulsión, y que el distanciamiento hace soportables, pues les suceden a otros. En nuestro caso el poema pedagógico nos ocurre a nosostros y somos nosotros los que nos confrontamos con la institución, que nos devuelve una imagen, que no es agradable en demasiadas ocasiones.

La acción pedagógica, tal como la hemos definido a partir de una construcción poética, evita este distanciamiento en tanto, se construye a partir de las acciones propuestas por el alumno y por medio de la analogía con la institución.[66]

En este punto es interesante recapitular y comprobar el estado de la situación que hemos deducido de esa construcción de un "poema pedagógico". Esto nos permite comprobar que las acotaciones que hemos establecido para dicho poema nos configuran un marco de referencia similar, sino idéntico, a lo que Aristóteles en su *Poética* define como tragedia. Así esa construcción del poema pedagógico tendría la concreta estructura de la tragedia aristotélica.

Aristóteles define la tragedia como: *la imitación de una acción elevada y completa, de cierta amplitud, realizada por medio del lenguaje enriquecido con todos los recursos ornamentales, cada uno usado separadamente en las distintas partes de la obra; imitación que se efectúa con personajes que obran y no narrativamente, y que con el recurso a la piedad y al terror, logran la expurgación de tales pasiones.*[67]

Las similitudes entre ambas definiciones, la que nosotros hemos deducido para el poema pedagógico y la que Aristóteles establece para su tragedia, son lo suficientemente importantes como para utilizar en nuestro provecho este paralelismo. En ambos casos nos aseguramos que la poética se establece como actividad creativa en sí misma, pero al tiempo con ese compromiso externo que supone la presencia de un espectador. Estamos en ese punto neutro entre mundo interior y mundo exterior. Entre lo subjetivo y lo objetivo.

Para corroborar todo esto volvemos sobre James Redfield y su definición de drama explicitado en *Nature and culture in the Illiad*;[68] donde afirma: "*El drama nace de las ambigüedades de los valores y normas culturales. Son los ojos fijos sobre la norma lo que el poeta presenta a su auditorio, una historia que es problemática con un carácter que es desviante*". Y también, "*el poeta no ofrece gratificación sino inteligibilidad....*"; "*la obra literaria tiene al fin, una función de problematización de la cultura. No la resuelve, la presenta*".

Especialmente significativa para nuestro trabajo es esa referencia a la inteligibilidad de la obra poética. Esta inteligibilidad lo es respecto de una cultura, representada en la obra. También es interesante la alusión a la norma, que nosotros hemos establecido ligada a la institución, pero en sentido dinámico y transformada a la vez que expuesta por el poema mismo.

Con ello, dotamos de consistencia a nuestra hipótesis de que el profesor, estructurando una poética, presenta una cultura en la que el alumno se reconoce, en tanto que él también es un productor de cultura. Vemos que todo va tomando sentido como las piezas de un rompecabezas, y nos reafirma en nuestra hipótesis de que la enseñanza de la arquitectura y de cualquier otra disciplina artística se estructura en tanto que poética, lo que nos permite definir un contexto cultural en el que aportaciones individuales, lo que hemos denominado anteriormente *hablas*, adquieren su verdadero significado. Y ello por la dimensión social que hemos establecido en el momento de definir una idea de cultura. Si la cultura lo es en tanto que hecho social, un habla tendrá sentido cultural en tanto que adquiera un significado social.

También Muntañola, en su libro *Poética y arquitectura*[69] ofrece argumentos que permiten establecer esa analogía entre arquitectura y tragedia al estudiar el trabajo de Robert Venturi, publicado en su libro *Complejidad y contradicción en arquitectura*. Muntañola establece que las categorías que define Venturi,[70] basadas en los elementos de *doble función, lo uno y lo otro* y *elemento convencional*, tienen sus analogos en las categorías poéticas que define Aristóteles como constitutivas de la tragedia. Para Muntañola, y para mí también, esas categorías son asimilables a la *peripecia*, el *reconocimiento*, y el *lance poético*, que encontramos definidos en Aristóteles y que permiten diferenciar entre buenas y malas tragedias, en función no de los concretos intereses de un determinado espectador, sino por la complejidad con que el poeta las haya utilizado. También para Venturi es posible medir la calidad de un edificio aplicando las categorías poéticas.

Sobre estas categorías y su definición insistiremos posteriormente, cuando establezcamos sus equivalentes en una poética de la pedagogía de la arquitectura, pero es importante constatar que la lectura de la arquitectura que Robert Venturi realiza está en la base de una comparación entre arquitectura y poética, de la que se deducen evidentes similitudes estructurales.

Respecto de las categorías poéticas establecidas por Robert Venturi en el ámbito de la arquitectura, y tal como expone Muntañola, aunque plantean temas similares a aquellos que considero importantes para establecer las bases de una pedagogía arquitectónica, no debemos confundirlas con ella. El hecho de que las categorías poéticas venturianas sean una formidable herramienta de análisis arquitectónico, que permite establecer críticas arquitectónicas de gran valor cultural, no permiten por contra constituirse por ellas mismas en una pedagogía. Las categorías poéticas permiten el análisis, y desde ese punto son importantes pedagógicamente puesto que permiten producir mejores críticas, pero el proceso inverso, es decir diseñar desde esas categorías poéticas, creo que no agota ni con mucho la capacidad de una pedagogía.

Es posible analizar el diseño de un alumno considerando si contiene las categorías de *doble significado*, *doble función* y *elemento convencional*, pero difícilmente desde un estricto punto de vista pedagógico tiene sentido iniciar un diseño pretendiendo incluir conscientemente, como datos de partida, esas categorizaciones, pues a pesar de que normalmente en todos los buenos proyectos se puedan encontrar ejemplos de esas categorías, su sola presencia, como si de una fórmula magistral se tratara no asegura la calidad del proyecto. Por ello pretender seguir ese camino nos llevaría nuevamente a una metodología que intenta una clasificación del conocimiento arquitectónico, que permite establecer un "tiempo" de proyecto único y universal.

Debemos retener, para mi objetivo de construir una pedagogía arquitectónica abierta, esa casi equivalencia entre el proceso de enseñanza tal como lo hemos definido y la tragedia, en el sentido aristotélico del término. Esto significa que el profesor de arquitectura está obligado, para producir en su alumno ese reconocimiento, que es poético, a construir una tragedia. A partir de aquí deberemos profundizar en la forma en que debe adquirirla.

Luego y siguiendo con Aristóteles, *la tragedia es la imitación de una acción y por tanto y básicamente la imitación de personas que actúan*. A partir de aquí deberemos estudiar cuál es la acción que imita el profesor de arquitectura con tal de construir su particular tragedia.

La tragedia como pedagogía

Si la pedagogía de la arquitectura, tras la definición que hemos efectuado, atendiendo al carácter abierto que debe tener esa pedagogía y a su singularidad, se estructura en tanto que una tragedia, entonces será importante establecer de qué forma, el poeta-profesor debe proceder para construir esa tragedia, atendiendo a que *per se* esa construcción tiene un importante valor pedagógico.

Insistimos en que precisamente por constituirse poéticamente, y poéticamente en el sentido aristotélico del término, esta pedagogía posee un valor artístico. Con ello nos reafirmamos en la idea de que dicha pedagogía es en sí misma una creación, creación no en este caso del alumno sino del profesor, y aventuramos que cuanto mayor sea el valor artístico de dicha creación, mayor será el efecto pedagógico que produce.

Consideramos al alumno en tanto que espectador privilegiado, pero no único, de esa tragedia, que imita acciones elevadas y completas. Pero el alumno no se circunscribe únicamente a un papel pasivo en la construcción de la obra su papel es fundamental no sólo por ser el espectador, sino porque asume otras funciones en el transcurso de la representación pedagógica.

El alumno al presentar su trabajo que es un proyecto asegura la "diferencia" de la tragedia que construye el profesor. Como hemos reiterado anteriormente, en esa diferencia radica la especificidad de la enseñanza de la arquitectura. El alumno, con su proyecto, presenta lo que Aristóteles define como el *tema* del poema. El tema se presenta por medio de dibujos y explicaciones verbales por parte del alumno, y no es tanto el problema arquitectónico planteado por el profesor cuanto los primeros esbozos de solución propuestos por el alumno.

Es importante detenerse en este *tema*, pues a partir de él se establecerá la acción a imitar. La tragedia se produce a través de la imitación de un mito que no elige el autor -en nuestro caso el profesor-, sino que es propuesto por el alumno-espectador. Por tanto la acción que imitará el profesor no será una cualquiera, sino precisamente aquella propuesta por el alumno por medio de sus dibujos y explicaciones verbales. Siguiendo con la terminología aristotélica, ese imitar la acción produce el argumento de la tragedia. El argumento consiste precisamente en el "*arreglo de las acciones*", y nos remite nuevamente a aquella idea de "concordancia", que tomábamos de Ricoeur.[71]

El argumento de nuestra tragedia, se inicia por medio del arreglo de las acciones presentadas por el alumno, y que precisamente por ello son simples hechos, sin constituirse en relato. El profesor, a partir del "arreglo de los hechos", constituye en "relato" una experiencia personal y subjetiva del alumno, introduciendo en ella una lógica interna. Con ello la traspone de la esfera del "acontecimiento", que supone tan solo el mero hecho de su existencia, a la del "relato", que supone un orden interno, todo ello sin perder de vista su analogía con la institución.

El profesor construye un relato a partir de una experiencia personal, un relato que supone un orden institucional, pues el arreglo de los hechos se hace desde su confrontación con la institución. Esta institucionalización del acontecimiento nos asegura el valor "poético" del relato, pues éste no es sólo la imitación de acciones, sino de acciones con contenido social. El objetivo último del relato pedagógico está establecido por su "verosimilitud", pues esa verosimilitud es, en último término, la que asegura el efecto estético de un poema, y con ello su valor de pedagogía. No olvidemos que hemos establecido, que el valor pedagógico de una experiencia estética estriba en la emoción que despierta, y esta emoción es razón directa de la verosimilitud de la acción imitada.

La enseñanza de la arquitectura como poética

De otro lado, pasar de la esfera de las acciones a la de los mitos supone, tal como establece Aristóteles, el paso de lo concreto a lo universal, que es un estado "más filosófico", en tanto que no se justifica por sí mismo sino por su *verosimilitud*.

El profesor, al imitar esa acción, debe hacerlo por medio de mitos con contenido social, pertenecientes a la institución por tanto. Esa acción imitada por el profesor por medio de mitos sociales produce en el espectador un *reconocimiento*, cuya consecuencia directa es una emoción, base de la pedagogía tal como la definimos desde su valor poético.

Debemos, en adelante, establecer cómo se produce esta imitación de la acción del alumno. Los elementos con los que trabajaremos son: el profesor-poeta, el alumno-espectador y la acción imitada, que es un proyecto del alumno, sobre un problema arquitectónico determinado y completo. Cuando afirmamos que el problema arquitectónico debe ser completo nos referimos a que debe contener toda la complejidad que supone la arquitectura, sin hacer abstracción de ninguno de ellos. Esto quiere decir que el mundo definido por el problema debe ser real, con un contexto cultural, físico, paisajístico perfectamente definido sin renunciar en absoluto a toda su complejidad. No hacerlo de esta manera supone deformar absolutamente el "acontecimiento" presentado por el alumno.

La tragedia así construida es, a su vez, un acto creativo, siempre nuevo, pues lo asegura la singularidad de cada acción individual, comprensible no sólo por el alumno que la ha producido sino por cualquier otro en tanto que la tragedia es socialmente compartida, siguiendo la propia definición de la poética aristotélica.

Al reflexionar sobre el concepto del tema tal como lo hemos establecido, debemos profundizar en un aspecto que anteriormente ya hemos esbozado: una posible crítica a la concepción de la pedagogía de la arquitectura, en tanto que análoga en su estructura a la tragedia, estriba en el posible efecto pedagógico que la mala calidad del *tema* que proponga el alumno pueda tener. Es importante establecer como criterio general que, tal como hemos visto hasta ahora, ese tema es una aportación del propio alumno pero que no decide la calidad poética del proceso pedagógico. La calidad de dicho proceso, que es un poema pedagógico, reside en el autor del poema, el profesor ,y no en la calidad del tema propuesto por el alumno. La imitación lo es de una acción, independientemente del interés intrínseco de la acción o de su cualidad moral.

Con ello quiero dejar claramente fijado que, como también expone Aristóteles en su poética, el valor poético de un texto se halla en la propia estructura poética del texto, implícito en él, y no en la valoración moral que la acción imitada nos sugiera. El efecto pedagógico está en la propia "obra", en tanto que es capaz de producir una emoción estética base del aprendizaje, aunque esa emoción pueda ser también de temor, desagrado o rechazo. Por ello un autor "poético" el posible auditorio al que se dirigirá su obra no debe preocuparle, en el sentido de influirle en la elaboración de su tragedia, pues la emoción poética la asegura la propia estructura del poema.

Así y como hecho capital para nuestra pedagogía, deducimos que la pedagogía "poética" es siempre posible y no depende en absoluto de la calidad del tema propuesto por el alumno, sino únicamente de la capacidad del profesor para elaborar la tragedia. No hay en principio temas mejores que otros para un poema arquitectónico, sino que todos son susceptibles de producir una buena experiencia pedagógica. Es más, dada la experiencia pedagógica de varios años en la Escuela de Arquitectura de Barcelona, he podido comprobar cómo en muchos casos los momentos pedagógicos más afortunados se han producido con alumnos cuyas propuestas eran en principio las más equivocadas, y esa experiencia pedagógica ha servido no sólo para el alumno que la había presentado, sino que ha tenido efectos positivos en aquellos no directamente implicados en aquel proceso de diseño.

Esto es así porque, en esos casos, la evidencia de los errores y la apertura de posibles caminos de solución produce un efecto de "animación cultural" que aporta interés al grupo.

La posible calidad del modelo, es decir el "mito" que imita el profesor para construir el poema, no afecta por tanto a la posible calidad de la pedagogía, antes al contrario. Este mito puede ser un modelo culturalmente insignificante pero pedagógicamente válido, si consigue producir un reconocimiento del alumno y su trabajo respecto de ese mito.

El problema inverso es tambien de índole similar. Ante una buena poética, construida por el profesor desde las sugerencias implícitas en el proyecto del alumno, ¿puede existir la incomunicación? ¿Puede darse el caso, de que la crítica no sea comprendida por el alumno a quien va dirigida, precisamente por su referencia a mitos más allá del conocimiento del alumno?

Este es un problema real, que se da en ocasiones. Se produce cuando el profesor remite el trabajo del alumno hacia mitos institucionales desconocidos por éste. Aquí, si el profesor es consciente del posible problema que esto puede representar, puede aprovechar este efecto de sorpresa en el reconocimiento que se produce en el alumno, en beneficio de la pedagogía. Este tema nos remite, a su vez, al tema más general de la crítica y las referencias al *new criticism*,[72] al que nos hemos referido anteriormente. Sobre él insistiremos posteriormente.

Establecido este primer punto sobre la independencia entre la calidad del tema propuesto por el alumno y la calidad pedagógica del poema, es momento de entrar a analizar esa aportación de la subjetividad del alumno en el proceso de aprendizaje.

La enseñanza de la arquitectura como poética

Un proyecto no es un hecho pensado de una sola vez, es el resultado de un proceso de interrelaciones en el tiempo, con multitud de temas inmersos en su problemática, simpre distinto a sí mismo, contradictorio y con avances y retrocesos continuos. Aparece aquí un problema que no hemos abordado, y que se refiere al momento en el que el profesor-poeta puede o debe crear su poema a partir de las propuestas del alumno.

Al introducir la tragedia, hemos hablado de la imitación de acciones completas como esencial para su estructuración. Este punto introduce un problema al desarrollo de nuestra analogía entre tragedia y pedagodía de la arquitectura, pues si la acción debe ser completa para poder ser imitada, parece que sólo sería posible ejercer una influencia pedagógica en el alumno en el momento en que éste finalizara completamente su proyecto.

Se produciría de esta manera un importante problema metodológico, en tanto que sólo una vez finalizado el proyecto podría efectuarse la acción pedagógica, para que la acción a imitar fuera una acción completa.

Este aspecto nos obliga a especificar lo que podemos considerar una acción susceptible de ser imitada. ¿Qué es desde un punto de vista pedagógico una acción completa?

Esta acción debe ser de cierta amplitud y completa. Pero ello no tiene por qué referirse a la extensión del proyecto completo. Tan solo se refiere a la posibilidad de poder establecer comparaciones con aspectos proyectuales completos, que permitan la construcción de una crítica que sugiera al alumno mitos institucionales que confieran contenido a su propuesta. De ahí se produce la posibilidad, por parte del alumno-espectador, de iniciar un estudio de esas sugerencias, que le permita reconsiderar su proyecto a la luz de la institución.

Cuanto menor sea el grado de desarrollo del trabajo presentado por el alumno, mayor será la amplitud de las sugerencias que posibilite la crítica. Así dicha crítica no propondrá una lectura única y cerrada sino una multiplicidad de lecturas. Y las posibilidades de elección por parte del profesor de qué parte de la institución elige como referencia de su poema serán muchas más.

El profesor deberá poder sugerir por medio de su poema posibles caminos, verosímiles, que se basen en los esquemas del alumno. Por tanto dos serán las condiciones exigibles a un poema pedagógico: de un lado incluir la acción individual del alumno en un contexto más amplio, la *institución*; de otro sugerir desde la institución posibles caminos a seguir como consecuencia de esa *institucionalización*. Por ello la acción que presente el alumno es operativa en cualquier fase de desarrollo en que se encuentre y desde los primeros momentos, en tanto que la responsabilidad vuelve a recaer sobre los hombros del profesor.

La enseñanza de la arquitectura como poética

La completitud de la acción no depende del estado de desarrollo en que se encuentre el proyecto sino de la adecuación entre su nivel de concreción y la capacidad poética del profesor. A cada nivel de desarrollo del proyecto corresponde un diferente tipo de poema, que será cada vez menos abierto.

El hecho de trazar una línea sobre un papel en blanco supone una decisión importante, en tanto que implica la exclusión de todas las otras posibles líneas que pudieran haberse trazado sobre él. El profesor debe reflexionar con su alumno sobre este hecho y a partir de aquí tiene sentido el intercambio poético. Lógicamente el poema será más general cuanto menor sea el grado de definición de la propuesta individual, es decir el profesor poeta se referirá, al imitar esa acción, de una manera más amplia al conjunto de la institución. Con ello lo que estará haciendo es describir el problema arquitectónico que él mismo ha planteado, pués ese problema arquitectónico es de su exclusiva responsabilidad.

Así, en un primer estadio, el profesor reflexiona sobre el problema arquitectónico que el mismo ha propuesto.[73] El profesor se imita a sí mismo, y por ello define el problema, del que no sabe la solución pero sí la dimensión institucional que plantea. En esa primera definición del problema arquitectónico radica la primera *institucionalización* del proceso de aprendizaje. El propio problema que se plantea tiene unos precedentes que pertenecen a la institución. Ello nos asegura la operatividad del proceso, en tanto que aun sin contar con la colaboración de la acción del alumno ésta es posible en tanto que se produce por medio de la acción del problema arquitectónico planteado.

Por tanto no existe un momento a partir del cual se inicie el proceso de aprendizaje, sino que es un sistema en continua evolución, que se concreta a cada momento por medio de documentos tanto verbales como dibujados. Es este un estado de continua evolución, una continuidad de estados de equilibrio dinámico, de dialogo entre la institución y el individuo.

Queda así establecido el tema del poema como una aportación del alumno, en tanto que elige una de las infinitas posibilidades de resolución que tiene el problema arquitectónico que le ha sido propuesto. En esa posibilidad de elección reside el primer rasgo característico de una enseñanza poética.

La consecuencia inmediata de esa libertad de elección por parte del alumno reside en la verosimilitud de una enseñanza así concebida, en tanto que su fundamento está en lo subjetivo, presentado por el alumno desde su ideología y no desde la solución propuesta apriori por el profesor. Lo esencial está en introducir lo singular en una propuesta pedagógica que, por ello, es específica para cada alumno.

La enseñanza de la arquitectura como poética

Esta posibilidad de elección excluye en cierto modo la enseñanza por ósmosis, esa enseñanza basada en la capacidad de diseño del profesor, que impone de una u otra manera su artisticidad al alumno. Es éste un aspecto importante, desde mi punto de vista, en la enseñanza de las disciplinas artísticas: la personalidad del profesor en tanto que diseñador él también, y su imposición bajo la apariencia de una cierta racionalidad al alumno como propuesta no ideológica.

El taller alrededor de un maestro, en el sentido que este tipo de enseñanza podía tener para los artistas del renacimiento, está en la base de este problema. La influencia del profesor como institución él también, y por tanto susceptible de ser imitado, existe siempre y es inevitable, y es una parte del problema de la enseñanza de la arquitectura, pero no puede ser nunca un fin para esa enseñanza. Esa enseñanza es, insisto, institucional, y abierta, y no puede ser impuesta ideológicamente. El profesor debe juzgar desde la distancia que proporciona la institución, nunca puede dejarse llevar por la propia subjetividad para dialogar con el alumno. Esa distancia entre el profesor, su obra como diseñador y el alumno es imprescindible, si de verdad queremos encontrar una pedagogía específica de la arquitectura y no sólo la simple imitación de un modelo, en este caso el gusto particular de un profesor.

Con esto quiero expresar que la enseñanza de la arquitectura no es un diseño al revés donde el profesor conoce las respuestas a priori y conduce al alumno a su propio terreno, sino que esa capacidad pedagógica es radicalmente diferente al diseño. Es una actividad *institucional* y por tanto basada en la objetividad. Esto exige un conocimiento específico por parte del profesor, radicalmente distinto al tipo de conocimiento que utiliza para producir su propia obra. Su estilo, o mejor si se quiere su personalidad de diseñador, puede ser una información interesante para el alumno, una manera de conocer una parte de la institución, pero no puede en ningún caso suplir ese trabajo de institucionalización que corresponde al profesor, tal como lo hemos definido. El trabajo del profesor arquitecto es un trabajo institucional y teórico, y por tanto no se puede basar en su propia subjetividad. Es éste un punto especialmente complejo en las discusiones sobre el conocimiento del profesor de arquitectos.

Una frase que corre por los pasillos de las escuelas de arquitectura hace referencia a este problema, del profesor que se proyecta a sí mismo como institución. Los alumnos, con su habitual precisión, lo resumen en la frase "Dime con qué profesor andas y te diré qué arquitectura haces". Esta imposición de una poética por parte del profesor, en muchas ocasiones no explicitada, produce una evidente tensión en los alumnos, que ven en demasiadas ocasiones rechazar sus propuestas por razones subjetivas, pero explicitadas como conocimiento objetivo, por parte del profesor. Lo más negativo es que produce en el alumno una sensación de incomodidad, pues se le explica una "razón" que no lo es, con lo que la aportación crítica

La enseñanza de la arquitectura como poética

por parte del profesor es mínima, pues sólo se dedica a defender su propia ideología antes que confrontarla en un debate crítico con el alumno. La crítica se convierte así en incomprensible y el alumno tiene la sensación de que su ideología no ha sido tenida en cuenta.

Este es el riesgo que debemos asumir: defender una enseñanza, que en ocasiones denominamos *práctica*, produce en general incomunicación. Fuerza la copia pero no la imitación y convierte el aprendizaje en una adaptación del alumno a la ideología no explicitada del profesor.

Se refuerza mi tesis de que la enseñanza de la arquitectura es una actividad específica, distinta del mero diseño, y que exige por parte del profesor un conocimiento ineludible de la institución, tal como anteriormente la hemos definido, y basada en la propuesta ideológica del propio alumno. Esto obliga al profesor a desarrollar su trabajo dentro del contexto en que el alumno construye su propuesta. Este respeto por el contexto cultural que propone el alumno es fundamental para una pedagogía de la arquitectura, y en nuestra enseñanza poética queda asegurado por la aceptación del tema como algo sugerido por el alumno. Trabajar en ese contexto, en muchas ocasiones contrario a la propia ideología del profesor es el primer paso para establecer una comunicación "creativa", en el sentido pedagógico del término, entre profesor y alumno.

Es este tema del valor del papel que juega la obra de diseño del profesor en el aprendizaje de la arquitectura punto esencial de cualquier discusión sobre el papel del profesor de proyectos en la enseñanza de la arquitectura.

La discusión se centra siempre en argumentar la relación que existe entre pedagogía y trabajo profesional de los profesores, intentando con ello demostrar algún tipo de relación causa-efecto entre dicho mundo y los proyectos de los alumnos. Sobre este tema es interesante citar el artículo de Paolo Fumagalli, sobre una experiencia realizada en la Facultad de Arquitectura de la Universidad Politécnica de Laussane.[74]

La escuela de Lausanne organizó una exposición que incluyera al tiempo trabajos de los despachos profesionales de los profesores, junto a dibujos y proyectos de los alumnos realizados en la escuela, bajo la supervisión de esos profesores. El resultado de la exposición, hace difícil deducir una relación de causa-efecto entre los proyectos de unos y los dibujos de los otros. Del debate posterior entre el profesorado, sugerido por dicha exposición, se extrae la vaga sensación de fracaso por parte de los profesores, en tanto que no es posible afirmar que esa ley no escrita, pero vagamente aceptada, de una relación causa-efecto entre diseño profesional y experiencia pedagógica, entre ambos campos, pedagogía y profesión, no es tan evidente como todo parecía apuntar. A partir de esta constatación, las explicaciones que dan los participantes en la experiencia son diversas. Desde quien acusa al montaje mismo de la exposición, la dificultad para poder establecer con incuestionable claridad, esa relación de causa y efecto, evidente a pesar de todo para algunos; hasta el que va más lejos, como Bevilacqua, afirmando que no está tan claro que sea el subjetivismo del profesor el que deba estar por encima del subjetivismo del alumno. En el fondo el debate se circunscribe a una confrontación entre estas dos visiones. Aquellos que insisten en el pluralismo de puntos de vista de los profesores como el mejor camino que asegure el interés de la enseñanza, basada por tanto en una multiplicidad de ofertas y un aprendizaje por inmersión en la suma de las experiencias personales de los distintos profesores, hasta aquellos que prefieren una supeditación de esa subjetividad, la del profesor a la del alumno.

Para el arquitecto suizo Luigi Snozzi, según refiere en su artículo Paolo Fumagalli, es fundamental que el alumno comprenda la relatividad de la teoría implícita en el trabajo del profesor, para a partir de aquí darse cuenta de la complejidad del proceso de diseño. Se pide al estudiante que sea capaz de comprender hasta sus últimas consecuencia el valor cultural del trabajo del profesor para desde allí construir su propia subjetividad. En palabras de Luigi Snozzi: *"Es fundamental que el alumno comprenda que existe una relación extremadamente lógica entre el sistema de valores propuesto, el proceso de proyecto que resulta y el resultado final que se desprende de ellos"*.

¿Pero no es más fácil inducir en el alumno ese valor subjetivo de cualquier propuesta arquitectónica, tomando como punto de partida su propia subjetividad? Creo que sí, pues con ello evitamos ese peligro inherente a una imitación de la subjetividad de los otros como camino para construir la propia subjetividad. El peligro reside en que este camino se presta en demasiadas ocasiones a reducir el proceso de aprendizaje a la aceptación acrítica de la teoría del profesor, fruto de la subjetividad del profesor, lo que sume al alumno en un mar de dudas en el momento en que, por "necesidades del guión", debe cambiar de profesor y no tiene argumentos suficientes para defender una subjetividad que no es la suya. La superación de este problema por medio de los talleres verticales, que lo esquivan por elevación, es decir evitando el cambio de profesor, no hace más que retrasar su explicitación en el interior de la escuela, pero no lo soluciona. Como expuso Décoppet en la misma discusión de Lausanne, *"se confunde pluralismo formal con pluralismo existencial. Lo que me interesa en tanto que profesor, no es tanto el pluralismo formal como el existencial, pues sólo a partir de éste será posible formar arquitectos que posean su propia personalidad"*.

Creemos que desde la perspectiva de la enseñanza, y tal como hemos la establecido, resulta más positivo partir de la subjetividad del alumno que no de la subjetividad del profesor para construir una pedagogía de un conocimiento que hace de la diferencia su valor sustancial. Pero, además, se supone que el mayor conocimiento teórico del profesor sobre el alumno debe facilitar ese "trabajar sobre la subjetividad del alumno". Es desde la ideología del alumno desde donde se debe juzgar su propuesta arquitectónica y ello desde lo que se ha dado en llamar *crítica canónica*.[75]

El tema lo propone el alumno; el poema, el argumento de ese poema, lo construirá el profesor a partir del conocimiento que de los mitos que presente el tema posea. Como vemos, el trabajo del profesor-poeta dista de ser fácil y exige fundamentalmente un gran conocimiento de la institución. Cuanto mayor sea ese conocimiento mayor será la calidad de sus poemas, y mejor será la calidad de su enseñanza.

A partir de aquí es momento de estudiar cómo se produce por parte del profesor la imitación de esa acción propuesta por el alumno.

La construcción de un poema pedagógico

Estamos en el momento en el que el alumno presenta su acción, un esbozo de un proyecto, y el profesor debe construir el poema que posibilitará la acción pedagógica. Esa acción, como hemos visto hasta ahora, se basa en el reconocimiento por parte del alumno de su acción como análoga a la institución, y se debe basar en la verosimilitud, es decir su efecto pedagógico estribará en que el alumno-espectador considere esa analogía como verosímil.

Esta idea de verosimilitud lleva implícita, por su definición, la de imitación en tanto que similitud, y la de verdad, en tanto esa similitud sea verdadera. La pedagogía, pues, radica en que esa construcción poética por parte del profesor sea verdadera y análoga a la acción presentada por el alumno.

La imitación por parte del profesor está basada en la idea del *New criticism* según la cual una obra artística, desde el momento en que su creador la expone, habla por sí misma, es autónoma de aquel que la ha creado y permite una interpretación. En la habilidad y el conocimiento del profesor reside la posibilidad de que esa interpretación sea verosímil y produzca un reconocimiento en el alumno, reconocimiento del que nace un aprendizaje.[76]

Enlazamos dos aspectos importantes: de un lado la idea de relato, ligado según veremos a la historia, al relato histórico, y de otro lado una crítica basada e íntimamente relacionada con ese relato. Por tanto la construcción del poema por parte del profesor supone la construcción de un relato que es historia y por ello crítica. De aquí que el poema pedagógico se configura al tiempo como tragedia y como crítica.[77]

Este aspecto de la autonomía de la lectura de la obra de arte, por encima de la propia explicación que el autor pueda producir, es un tema sobre el que debo insistir, pues plantea que tipo de relación se establece entre alumno y profesor, especialmente en lo que hace referencia al valor que concedemos a la capacidad del alumno para explicitar su propio discurso.

La enseñanza de la arquitectura como poética

Si aceptamos sin más que es el alumno quien tiene la clave de la lectura de su propia obra, estamos cerrando el camino que tan costosamente hemos definido como paso principal en nuestra pedagogía. Pues si la explicación del alumno agota las lecturas de la obra, o bien ésta está ya en la institución y por tanto no precisa de una pedagogía, o bien no lo está y ello imposibilita cualquier de diálogo entre alumno y profesor.

Por contra y siguiendo el hilo de nuestra explicación de la pedagogía arquitectónica, romper con esa idea de la autonomía ingenua de la obra de un aprendiz está en la base de nuestra definición de un sistema pedagógico basado en la institución.

El profesor construye su tragedia a través de una institucionalización de la propuesta del alumno. Y esa institucionalización de la propuesta del alumno se hace al margen de la propia explicación del alumno. Y esto es así porque, y siguiendo el modelo ricoeuriano, el objeto artístico, en nuestro caso el proyecto de un alumno, no es más que un intermediario entre una prefiguración y una refiguración, o lo que es lo mismo, el objeto se establece como intermediario entre el contexto cultural en que se inscribe la obra y la lectura, libre, que de ella puede hacer cualquier espectador.[78]

Así el profesor, al presentar al alumno una lectura de su proyecto, una lectura que es una construcción poética inscrita en un contexto institucional, le muestra al alumno su habla, que para él puede aparecer como un objeto "inventado" (en el sentido de invención *in nuce*) no es más que uno de los posibles objetos intermediarios entre un *prefigurar* y un *refigurar*. Esta lectura contextualizada, y por tanto socializada, de la creación artística es la base de cualquier aprendizaje de la arquitectura.

Ésta y no otra es la esencia de la enseñanza de la arquitectura. Consiste en mostrar al alumno que su "invención" no es más que una de las infinitas "solidificaciones" de un configurar la arquitectura desde un prefigurar. Con ello la presunta arbitrariedad del hecho artístico queda desvirtuada por la relación de analogía que supone cualquier hecho artístico. La poética del profesor consiste en presentar al alumno los *mitos*, a partir de los cuales la configuración que él ensaya tiene sentido como producto social.

Aceptado esto, la presunta autonomía del objeto artístico no es más que una muestra de la ingenuidad del alumno. Esta autonomía del objeto carece *per se* de sentido, si entendemos este proceso temporal que supone el pensar la obra artística como una configuración desde una prefiguración, que por su parte permite una refiguración.[79]

Estamos en el punto central de esta idea de enseñanza de arquitectura basada en la institucionalización de una aportación individual. Con su relato el profesor presenta al alumno su proyecto como perteneciente a un sistema cultural que le concede validez en tanto que justifica socialmente su propuesta. Pero esta propuesta, la lectura que hace el profesor, no se justifica por la validez que pueda darle el espectador, en este caso el alumno autor del proyecto, sino por la propia estructura poética de la lectura que hace el profesor. Y esto es fundamental pues demuestra, como intuíamos, que la pedagogía *está en la capacidad del profesor, no en la calidad de la propuesta del alumno*.

Establecemos, pues, la dependencia de la pedagogía desde la calidad poética del profesor, al margen de la calidad de la propuesta del alumno. Queda así descartada la posibilidad de escudarse en la falta de calidad de los alumnos como causa fundamental de una mala pedagogía. De la misma manera en que un dramaturgo no puede escudarse en la valoración moral de la acción que imita para excusar la mala calidad de su obra. Precisamente de la imitación de acciones erróneas surge generalmente el interés de la tragedia, pues ésta es imitación de acciones, no de personajes o caracteres. Por tanto, en el caso de la imitación de acciones erróneas, el valor del reconocimiento por parte del alumno-espectador es superior. Pero establecidos de esta manera los términos de una pedagogía, se produce una distancia entre el alumno y su proyecto que evita una personalización del error. El alumno es consciente de que su error está en la acción que ha producido, el proyecto: se trata de un error en una acción y eso evita ciertas lecturas psicologistas que atribuyen al alumno el error y no a la acción. Vemos la importancia de una pedagogía que mantenga esa distancia entre el objeto y el sujeto. Evitamos así un problema que en muchos casos puede llegar a producir dificultades al alumno. Haciendo uso de un ejemplo, estamos ante el mismo problema que se le plantea a un actor que se representa a sí mismo al interpretar una obra determinada. Un buen actor mantiene una distancia entre el personaje que interpreta y su propia existencia, y eso es lo que distingue sus actuaciones de ficción de su vida real. La comprensión de esa *distancia* por parte del alumno le evitará multitud de problemas, derivados de una identificación, siempre negativa, entre sus errores en tanto que diseñador y sus capacidades personales. En diversas ocasiones he podido comprobar cómo esta mala comprensión de la *distancia*, ha producido en algunos alumnos importantes problemas de raíz psicológica.

Como consecuencia del valor cultural, y por tanto social, del proyecto y de su dependencia, tanto de la prefiguración como de la subjetividad del diseñador, conseguimos esa tranquilidad del alumno frente a un error de su acción. Aseguramos así tanto la efectividad del proceso basado en el reconocimiento como la superación, al menos desde un punto de vista teórico, de los problemas psicológicos que una identificación proyecto-autor produce en caso de fracaso.

Hemos presentado al alumno un poema, basado en su *acción*; debemos insistir todavía en como se produce esa presentación.

Establecida esa capacidad del profesor para configurar su relato, es necesario insistir en las características que ese relato debe poseer, así como en los medios de los que dispone el profesor para su puesta en escena.

NOTAS

61. Op. cit.
62. Hans Robert Jauss. *Experiencia estética y hermeneútica literaria*. Madrid, Editorial Taurus, 1986. Página 61.
63. Ricoeur. Op. cit.
64. Weinberg Bernard. *From Aristotle to pseudo-Aristotle*. Spring, (Colorado), Comparative Literature,1953.
65. Op. cit., página 73 y siguientes.
66. Hans Blumenberg. *Poetik und Hermeneutik*.
67. Op. cit., página 237.
68. Op. cit., página 72 y siguientes.
69. Josep Muntañola. *Poética y Arquitectura*. Barcelona, Editorial Anagrama, 1981. Página 61 y siguientes.
70. Robert Venturi. *Complejidad y contradicción en arquitectura*. Editorial Gustavo Gili, Barcelona; 1972. Algunas de las categorías definidas por Venturi estaban presentes en trabajos anteriores de otros autores, como Rudolph Wittkower, en un artículo de su libro: *Arquitectura de la edad del Humanismo*, Barcelona, Gustavo Gili, 1979. Wittkower habla ya de elementos de doble significado y doble función al analizar la Biblioteca Laurenciana de Miguel Angel, página 437 y siguientes.
71. Ricoeur. Op.cit.
72. Op. cit.
73. Cuando nos referimos al problema arquitectónico, nos referimos al ejercicio concreto que se propone al alumno para su resolución. Hemos establecido que debe ser complejo y "real". No debemos confundir el ejercicio, con el tema: este sí, respuesta del alumno, subjetiva por tanto, al ejercicio propuesto por el profesor. El tema permite al profesor su imitación institucional.
74. Ver Paolo Fumagalli, en *WERK BAUEN & WOHNEN*, número 7/8 julio-agosto, Lausanne, 1986.
75. Sobre la idea de *crítica canónica* ver Juan Pablo Bonta. *Sistemas de significación en arquitectura*. Barcelona, Editorial Gustavo Gili, 1977.
76. Sobre el New criticism ver en Renato de Fusco. *La idea de arquitectura*. Barcelona, Editorial Gustavo Gili; 1976. De Fusco hace un repaso a las distintas teorías sobre la crítica arquitectónica y su relación con la historia. En el mismo sentido es especialmente importante el trabajo de M. Tafuri. *Teorías e historia de la arquitectura*. Editado en Barcelona por Gustavo Gili, 1972. En el Tafuri adelanta una hipótesis de identificación de historia y crítica. Para Tafuri historia y crítica son indivisibles y no puede existir una crítica vacía de contenido histórico.
77. Tafuri. Op. cit., página 212 y siguientes.
78. Ricoeur. Op.cit.
79. Ricoeur. Op. cit., volumen I, capítulo III, "La triple mimésis". En él Ricoeur introduce la idea de tiempo en el relato. De ahí deduce una visión del relato basada en la idea del triple presente agustiniana, estableciendo una superposición de esta idea y una imitación triple, en cada uno de los momentos de la construcción del relato, entre los hechos previos y la imitación que supone la lectura para un espectador.

VI. El poema como pedagogía

La acción completa

En el capítulo anterior hemos establecido que la enseñanza de la arquitectura, en tanto que poética, se asemeja en su estructura formal a la *tragedia*, en el sentido que ésta toma en la definición que hace Aristóteles en su *Poética*,[80] pues podemos considerar los mismos elementos.

A partir de la definición de tragedia que utilizamos, debemos ahora profundizar en la definición de cada elemento, y comprobar el papel pedagógico que cumple dentro de esta idea de pedagogía poética. Dar contenido a esa tragedia será nuestro principal interés. Construir una tragedia basada en una imitación, imitación que lo es de una acción presentada por un alumno, supone en primer lugar, cuáles y qué características deben poseer los mitos que permiten el relato sobre el que se basa la acción pedagógica. Además, construido el "relato", que es un relato pedagógico, el profesor debe proceder a su representación, su puesta en escena, lo que obliga a considerar también los medios para llevarla a cabo.

El primer aspecto al que me referiré, se dirige hacia los mitos a utilizar por parte del profesor. La importancia de ese mundo mítico al que se referirá inexcusablemente el relatoposibilitará el reconocimiento, que está, como hemos definido anteriormente, en la base del aprendizaje, pues supone pasar de la ignorancia al conocimiento.

El *reconocimiento*, sobre el que insistiré posteriormente, se produce en tanto que el alumno trasciende, comprende la trascendencia de su trabajo, al insertarlo en un contexto más amplio, la institución, que traslada esa propuesta concreta de la esfera de lo individual, a la esfera de lo social, lo colectivo, que hemos visto que es la dimensión cultural. Este reconocimiento se produce por medio de una analogía con la institución, que produce un aprendizaje que es cultural, pues lo definimos como paso del estadio de la invención personal al margen de la cultura -pues suponemos que esa dimensión pública de su trabajo no le es conocida- a la dimensión de lo cultural, que es social.

El profesor confronta los dibujos del alumno con la institución, por medio del uso de ejemplos concretos, análogos en algún sentido a los contenidos implícitos en el trabajo del alumno. Con ello consigue contextualizar la propuesta del alumno, que deja de pertenecer a su mundo interior, comparándola con modelos, culturalmente reconocibles, es decir con significado en un determinado contexto cultural. Por medio de esa contextualización, el proyecto del alumno, en tanto que análogo a una acción socialmente valorada, adquiere el *status* de "perteneciente a la institución", y por ello se establece en su dimensión cultural.[81]

Este paso tiene un doble efecto pedagógico: de un lado, en tanto que produce en el alumno un *reconocimiento,* supone un aprendizaje, y le permite comprender que lo que él imaginaba como fruto de una invención personal, de su genio, y por tanto objeto único, pertenece a un mundo que es cultural. Descubre, así, que su acción no es un hecho aislado al margen de cualquier referencia, sino que pertenece a una instancia superior donde adquiere significado. Esta contextualización supone la posibilidad de establecer un marco de referencia, al que el alumno puede dirigirse para comprender la dimensión cultural de su trabajo, pero no acaba aquí esa posibilidad, la de comprender, sino que al tiempo le permite estudiar. Tal como hemos definido la institución, y sobre todo el proceso de analogía que permite su constante transformación, el alumno puede, él también, y utilizando la analogía, transformar su propio conocimiento de la institución. Así, el relato poético del profesor no sólo establece el contexto cultural en el que se inscribe la nueva habla producida por el alumno, sino que en un momento posterior, permite mejorarla por analogía con la institución.

Este es el punto: definido el contexto institucional del que su trabajo forma parte y establecido el conjunto de sus reglas internas de transformación, el alumno tiene la posibilidad de mejorar su acción por medio del estudio, pero no un estudio general de la institución, sino específicamente de aquella parte de la que su habla es análoga.

Llegamos a establecer el aprendizaje de la arquitectura a través del estudio, estudio de precedentes (*hablas*, en el sentido que dimos al término en el capítulo III) que posibilitan la profundización del propio trabajo en tanto que análogo a esos precedentes. De la propia subjetividad del alumno hemos llegado a la objetividad de la institución por medio del recurso a una estructuración poética. Este era nuestro principal objetivo, pasar de lo subjetivo a lo colectivo.

Por tanto es el profesor quien debe elegir los mitos para construir un relato, relato en el que se resume el proceso de aprendizaje, que posibilita el paso del mundo de lo individual al de lo colectivo. La condición es siempre la misma: *los mitos que se utilizarán tendrán contenido social, y por tanto estarán extraídos de la institución.* La elección está, de hecho, implícita en la propuesta del alumno si ésta tiene un mínimo de interés, o será responsabilidad del profesor, a partir de esa propuesta. En último caso se tratará siempre de buscar analogías interesantes en el trabajo del alumno, que le permitan "disfrutar" del reconocimiento producido por el relato pedagógico. La elección la sugiere el trabajo del alumno, a partir de aquí es el profesor el que tiene la responsabilidad de la elaboración del relato.

Esto permite que el trabajo del profesor no sea arbitrario, sino ajustado a la singular experiencia estética de cada alumno. De este modo el profesor incorpora el azar, que está en la base de todo aprendizaje, a través de las analogías sugeridas por ese azar. Además, y como habíamos previsto al al hablar de la enseñanza de la arquitectura en tanto que metodología, resulta imposible establecer un "tiempo de proyecto" único, válido para todos los proyectos y todos los arquitectos; que sea universal. Como consecuencia de esta analogía sugerida por el trabajo del alumno, nuevamente es éste, el que establece las prioridades, pues son sus prioridades.

El profesor, en las distintas etapas del proyecto, introducirá las analogías que sean precisas, en función del nivel de desarrollo del trabajo concreto y las prioridades que éste establezca. Pero aquí debemos definir exactamente el valor de esas analogías, analogías que presiden todo el proceso y que nos permiten hablar de una estructura poética en la enseñanza de la arquitectura. Las analogías se definen en general en sentido positivo, pero tambien pueden serlo en sentido negativo, siempre en función de los déficits que el profesor-poeta detecte en la formación arquitectónica del alumno. El poema puede crear el contexto cultural que el alumno no conoce y sería bueno conociera para su propuesta, y esto es responsabilidad única del profesor, no de una enseñanza poética basada en la analogía. Es este un punto especialmente significativo de una enseñanza poética, pues ésta lleva implícita, tal como la hemos definido basada en criterios esencialmente culturales, una crítica. Esta crítica se refiere a la "profesionalidad" que el futuro arquitecto debe poseer, en tanto que responsable en último término, de un complejo proceso productivo. La enseñanza, definida como poética, preocupada por los problemas de creación del futuro arquitecto, parece en principio no excesivamente dispuesta a incidir en estos aspectos "pragmáticos" de la profesión de arquitecto.

Planteamos así una de las críticas que la enseñanza entendida como poética sugiere en una primera aproximación: la falta de "profesionalidad" de una propuesta pedagógica, que se establece en el ámbito del valor cultural de las propuestas arquitectónicas.

Al definir la institución en sentido amplio como suma de aportaciones individuales asumidas por una colectividad, con significado social, de alguna manera tal crítica carece ya de fundamento.[82] El profesor-poeta está legítimamente capacitado para construir un poema pedagógico que defina un ámbito de imitación que haga de los valores técnicos, constructivos e incluso legales de la arquitectura el tema central. Esto no significa nada más que tal, como hemos definido la institución, es posible establecer dentro de ella los canales para producir analogías que hagan de estos temas centro de discusión. En el fondo lo que decimos es que estos temas, los relacionados con los aspectos más pragmáticos de la profesión de arquitecto, tienen también un importante contenido cultural y que, dentro de la institución, es siempre posible encontrar precedentes con los que establecer un contexto cultural al proyecto del alumno que incida en estos temas, y le permita estudiarlos y por ello conocerlos. Pero conocerlos desde su propia subjetividad y en función de sus propios intereses. Inmersos en su habla.

Esta distinción entre *artistas* y *profesionales* nace de un error basado en la división del conocimiento arquitectónico en compartimientos estancos en los que se depositan conocimientos distintos. Esto impide en cierto modo visiones globales de los problemas de la arquitectura. Para los defensores a ultranza de la profesionalidad, rigor constructivo, buena gestión y "realismo" son, en último término, incompatibles con los aspectos de creación y artísticos, inherentes a toda actividad arquitectónica. Según ellos, un énfasis excesivo en estos aspectos supone siempre una pérdida de "realismo" de la arquitectura.

En el fondo de esta actitud se esconde simplemente una determinada actitud ideológica, legítima pero, por ser ideológica, interesada. Es sobre todo un prejuicio acerca de cómo debe ser la arquitectura, una estética antes que una teoría científicamente comprobada. En último término, no es mi intención entrar en este tipo de debate; solamente me interesa remarcar que, desde mi punto de vista, desde esa idea de institución, una tal actitud frente a la arquitectura también se puede enseñar. Es más, no sólo se puede sino que una enseñanza que obviara los temas relativos a los aspectos constructivos, técnicos o de gestión no podría ser completa. Por ello interesa la completitud de la imitación, y esto es también competencia del profesor-poeta.

Debemos recuperar, en este punto, la definición de tragedia que venimos utilizando como elemento esencial de comparación entre pedagogía y poética.

Recordemos en este punto que la tragedia es imitación de una acción elevada y completa.[83] Es en esta necesidad de completitud, esencial para la definición de tragedia, desde donde se puede superar la crítica. En su definición de competitud, Aristóteles establece que una acción es completa si tiene un principio, un medio y un fin. En nuestro caso la acción que imitamos es un proyecto, que pretendemos, por tanto sea, completo. Pero un proyecto es por propia definición un ordenar un proceso, en este caso un proceso de construcción en el tiempo. De hecho la propia idea de proyecto lleva implícita la idea de su construcción. Es por ello que, si el profesor-poeta quiere que la acción que imita sea completa, debe producir el relato haciendo referencia, en algún momento, a la necesidad inherente a todo proyecto que está en su construcción. Pero por ello la construcción deja de ser un mero accidente físico y adquiere ella también un valor cultural, es decir social. La construcción deja de ser un hecho simplemente físico al margen del proceso de creación para pasar a formar parte de él.

Sobre los problemas que supone una arquitectura entendida como poética, y la crítica siempre posible respecto de su supuesta "irrealidad", es interesante citar aquí la definición que Muntañola hace de la idea de arquitectura.[84] Analiza Muntañola la arquitectura en tanto que: "construir un habitar desde un pensar",[85] utilizando para ello la definición heideggeriana de poesía.[97] Por tanto es imposible referirse a una arquitectura "poética" sin tener en cuenta ese construir y ese habitar, que son relativos a un contexto y por ello cambiantes.

Así queda claro[86] que para mí es esencial que la acción pedagógica, la tragedia, sea completa, en tanto imite acciones que también lo sean. Esto significa que el relato no sólo se refiere a un pensar un habitar sino que debe hacerlo desde un construir, pues ambas son las dos caras de una misma moneda.

Creo que desde esta definición de la institución superamos la vieja y en mi opinión maniquea distinción entre arquitectos *profesionales* y *artistas*, o dicho de otro modo, a esa continua referencia al contenido "pragmático" que debe poseer una enseñanza de la arquitectura. Es esta una división absurda que se debe trasladar a otro tipo de oposición: aquella que distingue entre buenos y malos arquitectos. Pero la distinción entre buenos y malos arquitectos es fundamentalmente una distinción "cultural". Cultural en tanto que social, y por tanto compartida.

Los mitos

Recomponiendo la estructura poética que hemos establecido hasta este momento, nos encontramos con una estructura en la cual participa el alumno, que presentando su proyecto centra el tema. A partir de este tema, el profesor-poeta debe construir un poema utilizando para ello mitos con contenido social, en nuestro caso pertenecientes a eso que hemos venido en llamar la *institución*.

Debemos establecer en este momento cuáles son los mitos pertenecientes a la institución que pueden ser utilizados en el poema.

Para ello me parece interesante recurrir al concepto de tiempo de *longue duree* que establece Paul Ricoeur al referirse a las características del tiempo "histórico".[87]

Ricoeur establece, para definir el tiempo en historia, un matiz sobre la descripción basada en acontecimientos de "corta duración", contrapuesta a los acontecimientos de "larga duración". Esto produce dos tipos de relatos históricos, que aunque compatibles no son coincidentes. Uno, el de tiempo de corta duración, basado en una descripción pormenorizada, produce una historia contradictoria, con aristas, con altibajos; son los imperativos de la utilización de un tiempo corto. De otro lado la historia basada en una lectura de "tiempo largo" produce una historia más coherente, más "redonda", sin aristas. Produce un relato histórico, sin matices, más preocupado por los acontecimientos generales que por la importancia de la anécdota, por el detalle.

Este matiz introducido por Ricoeur establece diferencias entre distintos tipos de relatos, basados en diferencias del "tiempo histórico" establecido en la explicación histórica, supone un cambio del eje de explicación, se pasa de una historia basada en un relato de "individuos" a un relato fundamentado en una explicación "social" que establece el tiempo de "longue durée".

Siguiendo este matiz temporal propuesto por Ricoeur para matizar las diferencias entre modos distintos de explicar la historia, propongo para el profesor-poeta, la utilización de una analogía que se dirija hacia relatos arquitectónicos que tengan sus "mitos" en una historia de tiempo de "larga duración", y esto por varias razones, como intentaré explicar.

Una puramente funcional, y es que eso nos permite acotar la institución, en el sentido de concentrar la disparidad de *hablas* individuales que pueden convertirse en mitos para el profesor, a unos casos más amplios que se convierten en paradigmas que resumen determinados casos concretos. Con esto quiero expresar que los ejemplos que utilice el profesor no deben ser ejemplos basados en casos particulares, aunque puedan serlo; sino que en general será mejor utilizar casos generales, pues no se refieren a una realidad concreta, sino que generalmente son una construcción intelectual, una imagen que resumen un aspecto general de la institución en un determinado momento histórico.

Es interesante referirse en este punto a la diferencia entre percepción e imaginación, tal como establece Sartre.[88] Para Sartre *lo bello* es una construcción de la imaginación, basada en un "distanciarse" del objeto real. Lo real en sí no es bello, lo es en tanto que acto que crea una *figura* de la consciencia imaginativa. La *figura*, toma aquí el sentido de valor simbólico, y por ello los mitos a utilizar lo serán también en tanto que figuras, es decir no tanto en su "realidad", como por la posibilidad de simbolizar casos generales. Así ocurre, por ejemplo, con la idea de edificio gótico. Un ejemplo que cumpla todas las condiciones de un edificio "gótico" no existe. Todos los edificios, de una u otra manera, transgreden alguna de las leyes de la arquitectura gótica, pero no por ello dejan de ser edificios góticos, y son fácilmente identificables. Esto ocurre no sólo con el gótico sino con cualquier otro estilo arquitectónico que propongamos. Por ello una primera aproximación a un relato poético pasa por establecer un contexto cultural que permita una analogía de una historia de *longue durée*, basada en construcciones de la imaginación, antes que en la referencia a casos "reales".

Establecido ese tiempo histórico de larga duración, del que se extraen los mitos para construir el relato, el profesor-poeta define el contexto, en sentido amplio, en el que la acción del alumno adquiere significado. A partir de aquí, el profesor-poeta debe proponer un mecanismo dialéctico entre un tiempo histórico de corta duración y acciones de *longue durée*, entre acciones individuales y "construcciones" sociales.[89] Quiere esto decir, que frente a un poema estructurado alrededor de una mimesis basada en hechos relatados socialmente, se debe contraponer uno basado en relatos individuales, pertenecientes a un tiempo histórico de corta duración, que suponga un contrapunto a la generalización de un relato de *longuee durée*. De este modo, el alumno está en disposición de comprender de qué modo un proyecto arquitectónico, un *habla* -acción individual, por tanto- se inscribe siempre en esta dialéctica entre lo social y lo individual. Eso es fundamental para nuestro razonamiento: esta distinción entre un tiempo social y un tiempo individual, deducido de la explicación histórica, nos permite introducir en el poema pedagógico esa dialéctica entre lo social y lo individual, presente en cualquier proceso de creación.

Pero además, estructurando el poema por medio de esta dualidad, producimos otro efecto importante: el de las expectativas de estudio que se le ofrecen al alumno, que pasa de un "inventar arquitectura" a un "estudiar arquitecturas", es decir, proyectos de arquitectura. Esta dualidad le permite establecer comparaciones entre una arquitectura y su contexto cultural y ver cómo la acción individual transforma, en parte, ese contexto. Así trasladamos el problema del aprendizaje de la arquitectura, que ya no es una abstracta invención, fruto de una inspiración frente a una hoja de papel vacío, sin posibilidad por ello de ser cuestionada. Y la sustituimos por un estudio, basado en una analogía con la institución, a partir del cual es posible reflexionar desde la esfera de lo "colectivo", sobre el trabajo del alumno, los criterios que lo soportan, y especialmente los déficits que su cultura como diseñador presenta. Frente al silencio, una enseñanza poética presenta el diálogo con la institución. A partir de este diálogo, el alumno está en disposición de cuestionarse sobre su capacidad de diseño, y sobre todo puede mejorarlo desde un "conocer la institución". La enseñanza no es ya una y para todos sino que es diversa y basada en la personalidad de cada alumno concreto, en el azar que es su propia experiencia, única e irrepetible.

En esto radica la posibilidad de una pedagogía basada en una acción poética. Finalmente lo que el profesor-poeta puede conseguir es la posibilidad de abrir al alumno el camino del estudio de su propia obra, definir sus perfiles generales, y la posibilidad de establecer analogías con otras subjetividades similares a la suya propia. La enseñanza de la arquitectura como *conocimiento*, estudio de una institución acotada. Esa es la posibilidad que debe abrir una pedagogía, y eso es lo que debe conseguir el buen profesor. Por ello, la labor del profesor no debe ser nunca con un acto de proselitismo en el que éste impone desde su propio conocimiento, una determinada "manera", antes al contrario, debe buscar la posibilidad de estimular la subjetividad del alumno. No olvidemos que la aportación del alumno es fundamental para cualquier pedagogía basada en una comunicación, pues esa relación comunicativa compromete a dos, emisor y receptor, y ambos son importantes para el correcto funcionamiento del proceso. Ignorar la aportación del alumno está cuestionando a priori, la posibilidad de un aprendizaje.

Hemos construido así un discurso arquitectónico que va de lo general a lo particular, que nos permite la definición de un contexto, contexto que es cultural, de una parte de la cultura arquitectónica, y que a partir de él y del *reconocimiento* que produce en el alumno, provoca un aprendizaje.

Recuperamos aquí, la referencia al teatro, en el sentido de *explicación por medio de personajes que actúan*. Esto supone una personalización del discurso poético que está en la base de nuestra pedagogía. Esta personalización de la obra supone relacionarla a *unos hombres que actúan*, y al contexto en que se realiza esa acción. De este modo establecemos también la necesidad de un ir de lo particular a lo general, pues este recorrido inverso está en una enseñanza de la arquitectura.

Por tanto el discurso arquitectónico, construido a partir del proyecto presentado por un alumno, debe participar al tiempo de un tiempo de larga duración y debe incidir en los aspectos de una historia de *acontecimientos*, que introduzca la subjetividad en el discurso. Nos aseguraremos de este modo la presencia de lo particular y lo general, que desde la institución asegura la evolución de las propuestas individuales.

Los mitos utilizados pueden ser: o bien una historia completa, es decir la explicación de un proyecto, que de alguna manera resuma una determinada actitud cultural, en el sentido que señalábamos anteriormente, de paradigma de esa actitud, o bien el discurso construído por medio del recurso a la cita. Si la referencia lo es respecto de citas, el discurso pedagógico se estructura como una narración basada en fragmentos, que adquieren sentido en tanto que son análogos al tema planteado por el alumno y sólo adquieren sentido en relación a su caso concreto.

En el primer caso, el profesor debe efectuar una lectura crítica del *mito* utilizado, crítica basada fundamentalmente en su contextualización, es decir en una explicación por medio de referencias al contexto en que se inscribe esa obra.

Otro aspecto especialmente importante a la hora de proceder a la lectura crítica del ejemplo, es producir referencias cruzadas con otros posibles ejemplos. Es decir ese *mito* debe ser comparado primero con otras obras del mismo autor, y posteriormente con otros autores de proyectos en el mismo contexto o en contextos diferentes, que permitan establecer un marco global de referencia.

El poema como pedagogía

Al comparar un proyecto de un arquitecto con sus proyectos anteriores y posteriores, estamos realizando un análisis diacrónico de ese autor, pues no debemos olvidar que estamos produciendo imitaciones de personajes que actúan y, por ello, es importante para el alumno, comprobar que cualquiera de sus propuestas de diseño se inscribe en un espacio temporal, que supone su evolución. Reflexionar sobre la diacronía en otros personajes implica un reflexionar sobre la propia. Plantea así el discurso poético un tema que pocas veces se refleja en la crítica de los cursos de proyectos de las escuelas de arquitectura, y es esta atención al proceso de aprendizaje como proceso en el tiempo, en el que cada uno de los proyectos no es más que un eslabón de un tiempo mayor, el del conjunto del aprendizaje, que es el que se debe valorar. No importa tanto el resultado concreto de un proyecto sino comprobar si es éste, responde a una progresión en su aprendizaje,[90] o bien si el estudiante se enfrenta a un callejón sin salida en su evolución como arquitecto.

Lo importante es mostrar al aprendiz de arquitecto que experiencias de diseño culturalmente interesantes son fruto de un proceso de maduración en el tiempo y de una relación con la institución: que no surgen de una invención pura en un momento de inspiración y que son consecuencia de la relación entre contexto e individuo. Pero es necesario llamar la atención sobre el peligro que representaría confundir esa analogía, entre un proyecto de un alumno y una referencia a otras arquitecturas, en una interpretación simplista, que nos llevara a convertir la imagen reflejada -en nuestro caso el proyecto de un alumno- en la copia literal del original. Esta idea de empatía, o mejor simbiosis, entre el mito, objeto de nuestra imitación, y el alumno nos conduce nuevamente a unas subordinación del alumno al modelo. Y no es, en absoluto, el resultado que pretendemos sino todo lo contrario: pretendemos una confrontación entre ambos que permita, por medio de un conocer el modelo, avanzar en nuestro propio conocimiento. Por ello es necesario insistir en la idea de analogía como diferencia que establecíamos en anteriores capítulos. Analogía en tanto que diferencia. Debemos insistir en que el valor de creación, basado en la analogía, reside más en las diferencias que en las similitudes[91] por ello el profesor deberá evitar tomar el *mito* como modelo a copiar y debe plantearlo como modelo a discutir.

Explicar las diferencias a partir de las analogías permitirá abrir caminos para la evolución de la personalidad del alumno que, no lo olvidemos, es el protagonista último de cualquier pedagogía.

Esto obliga a un importante esfuerzo de crítica por parte del profesor. Ya no vale con la exposición por su parte de su propia ideología, sino que debe convencer a partir de la *verosimilitud*. Nada molesta más a un alumno que se critique su trabajo por motivos ideológicos, sin explicitarlo, es decir pretendiendo que se trata de una crítica objetiva. Este es uno de los problemas importantes que establece una enseñanza acrítica, basada más en la subjetividad ideológica no explicitada, que en la objetividad de la institución. El profesor-poeta debe ante todo convencer por medio de la *verosimilitud*. Es decir, aquello que explica por medio de su discurso, debe apoyarse en la razón que confiere la institución. De aquí la importancia que toma lo que definíamos, siguiendo la terminología de J. P. Bonta, como crítica canónica:[92] aquella que precisamente porque se ejerce sobre hechos históricos sedimentados permite una lectura segura de los mismo. Por ello el profesor-poeta, una vez establecidos los mitos a partir de los cuales construye su poema, queda en cierto sentido prisionero de ellos, y ya no le es permitido proceder desde la mera subjetividad.

Es preciso matizar nuevamente el valor de la institución en tanto que estructura cambiante, siempre distinta a sí misma, para rechazar la acusación de excesivo conservadurismo que la institución, o la crítica canónica en tanto que "sedimentación", puedan producir. El relato construido por el profesor de arquitectos puede utilizar esa crítica canónica en su propio beneficio, es decir para atacarla en tanto que visión esclerótica de la institución. Así, en la actual situación de la arquitectura contemporánea, es usual proceder a críticas revisiones de canónicas "sedimentaciones", de la interpretación que del Movimiento Moderno algunos autores de postguerra habían institucionalizado. Por tanto, en último término, la carga crítica del relato pedagógico estará en la actitud del profesor, no en la institución, que por serlo está obligada a un constante transformarse.

Esto no quiere decir que esa objetividad, que tal como la estamos definiendo más parece invención celestial que cosa de este mundo, sea posible de modo absoluto, de una manera total. Soy consciente de la imposibilidad de la no presencia de la subjetividad del profesor: éste algo tiene que decir dentro de todo el proceso, pero en su momento. Y el momento es precisamente el de la elección de los *mitos*, a partir de los que construye su poema. En ese momento la elección del profesor es subjetiva y libre, y se basa en una valoración institucional que realiza sobre el proyecto del alumno. La elección solo se ve constreñida por la verosimilitud, es decir por la posibilidad de que el alumno crea que ese mito que el profesor le presenta es verosímilmente análogo a su propuesta: esa es la única limitación. Aquí reside precisamente la libertad de creación del poema pedagógico, es en este momento cuando se puede introducir la subjetividad por parte del profesor. A partir de entonces, es la racionalidad que la institución proporciona la que conduce el desarrollo del relato pedagógico. El trabajo del alumno debe ser valorado desde la institución, no desde opciones ideológicas personales.

Para el alumno es siempre importante ver la posibilidad de defender su propia subjetividad. Lo que el profesor debe controlar es la coherencia entre la ideología, es decir la subjetividad de la propuesta, y la objetividad que supone su comparación con la institución. Lo contrario no es más que una especie de "despotismo ilustrado" que convierte al profesor en una suerte de controlador ideológico. Esto, insisto, no significa ni de largo establecer una patente de corso para el alumno, de modo que cualquiera de sus propuestas sea aceptada sin más. Toda propuesta debe recibir su contextualiazción, que es cultural, y lo que debe

El poema como pedagogía

explicar el profesor claramente al alumno es a qué cultura pertenece su propuesta. Una vez establecido ese contexto, el profesor tiene legítimo derecho a criticar, ideológicamente esa propuesta cultural que plantea el alumno. Trasladando el debate al campo ideológico, el alumno no tiene por qué sentirse engañado si el profesor critica su ideología, lo que significa criticar su cultura. Lo que no se puede hacer es criticar la ideología pretendiendo que se esta haciendo una crítica arquitectónica objetiva. Aquí es cuando el alumno se puede, y de hecho así ocurre, sentir engañado.

Hemos establecido, pues, que el profesor-poeta construye un poema, que es un poema pedagógico, basado en la imitación de una acción, la de un alumno, por medio de unos mitos con contenido social, y que este poema por su propia estructura produce un efecto pedagógico, precisamente porque presenta al alumno el *reconocimiento* de su propia obra como perteneciendo a un contexto más amplio, y que es un contexto cultural. A partir de aquí nos resta estudiar cómo se produce ese reconocimiento, que supone una emoción y que posibilita por ello un aprendizaje. Una vez establecidos qué mecanismos producen ese reconocimiento, estaremos en disposición de estudiar los medios de los que se vale el profesor-poeta para presentar su poema y asegurarse un grado máximo de eficacia, de la misma manera que en un representación teatral, su montaje influye de manera decisiva en el efecto del texto en el espectador.

En este punto, creo, es necesario insistir en la relación que establezco entre la acción individual, la del alumno, y esos denominados mitos sociales sobre los que se construye la tragedia. Para Aristóteles, imitando la acción los personajes refieren un problema concreto, la acción representada. Por medio de esa representación, se presenta al espectador un caso concreto de un problema general. En este sentido Aristóteles concede a la obra teatral esa posibilidad de trascender la propia singularidad, para convertirse en paradigma de un conflicto de contenido social. El espectador en tanto es capaz de sentirse aludido en cierta medida por ese conflicto, que es análogo a conflictos similares que él también tiene planteados, siente una emoción, emoción capaz de producir una "curación". Por tanto el valor de una tragedia estriba en que incide en los puntos más significativos de una determinada sociedad. De ahí que el valor de la pedagógico de la tragedia presentada esté en la obra, no en el espectador. Este es un punto esencial en la poética aristotélica, para la que el espectador es un dato implícito en el valor mítico de las acciones imitadas, y que por ello no forma directamente parte de la estructura del relato.

En el caso de una pedagogía basada en la estructura poética, el autor, en nuestro caso el profesor, se asegura del efecto catártico de su propuesta en tanto ésta está enraizada en un conflicto cultural que existía previamente en la institución. Por ello se asegura a priori el efecto emotivo de su propuesta, en tanto que el alumno-espectador se enfrenta a un problema de la misma índole, al problema que él también tiene planteado. Por ello, por encima de la anécdota concreta que sirva de ejemplo para construir el poema, éste tendrá valor para el espectador si y sólo si presenta un conflicto arquitectónico que sea significativo, y sobre todo que permita reconocer al alumno-espectador que su invención lo es en tanto que pertenece a la institución.

El profesor muestra, poéticamente, conflictos ya resueltos por la institución. De esa analogía que supone la existencia de precedentes, surge la emoción que garantiza el aprendizaje. Pero tal como planteamos nuestra pedagogía es importante que el profesor no se limite tan sólo a presentar el conflicto sino que disponga sobre la mesa una solución que, aunque no sea *la* solución, permita entender el problema completo. Esto que en la poética aristotélica es una necesidad, la de la completitud de la acción imitada, enlaza con uno de los problemas importantes que detectábamos en las explicaciones metodológicas de la enseñanza de la arquitectura. Éstas se limitan a una estructuración que no atiende a la totalidad de aspectos que inciden en un problema arquitectónico, sino tan sólo producen una presentación de fragmentos inconexos, aspectos parciales sin una estructuración compleja que permita una síntesis. La síntesis es para el alumno difícil de solucionar por sus propios medios. Así una enseñanza poética incorpora, por el mecanismo mimético que hemos expuesto, la síntesis en sí misma, pues no presenta explicaciones parciales de aspectos concretos sino esencialmente acciones completas.

Vemos, pues, la riqueza de posibilidades que una enseñanza así planteada produce, ya que es capaz de solucionar el eterno problema de fondo en una enseñanza de la arquitectura: cómo solucionar el choque entre dos subjetividades: la del profesor y la del alumno, integrándolas ambas por medio del recurso a la objetividad de la institución. Resolvemos así el desafío que planteábamos desde el principio, en tanto que enseñanza de la arquitectura como disciplina creativa y por tanto basada en la diferencia. Por medio del recurso poético establecemos el punto de encuentro, a través de los mitos culturales aceptados por la institución, entre la subjetividad del alumno y la subjetividad del profesor.

El poema pedagógico, tal como lo hemos definido, nos asegura esa posibilidad de comprensión entre autor-actor y espectador, pues incorpora dos subjetividades, la del profesor y la del alumno, a la luz de la institución. Con ello la acción pedagógica se establece a nivel de diálogo entre ambos protagonistas. Domina el profesor la situación, pues de hecho es él quien construye el argumento, pero es un argumento basado en un tema que propone el alumno.

El poema pedagógico se establece como punto equidistante entre esas subjetividades. Por ello asegura la posibilidad del diálogo, la comprensión de unos y de otros. Es fundamental superar la incomprensión que se produce entre alumno y profesor. A partir de esa comprensión en una especie de "tierra de nadie" que, precisamente por no ser exclusivamente de nadie, es a la vez del alumno y del profesor, es posible asegurar el aprendizaje, que ya no es una simple corrección del trabajo del alumno en la dirección en que marca el profesor, sino que es fundamentalmente el estudio crítico por parte del alumno de su propio trabajo, a la luz del conocimiento que proporciona la institución.

Siempre queda la duda de la capacidad crítica del profesor ya que debe valorar no sólo el trabajo del alumno dentro del contexto cultural que éste define, sino que además debe criticar el valor institucional de ese contexto, pues tambien el profesor ha definido su propio campo de conocimento. Para ello debemos recurrir nuevamente a la estructura poética, dando un paso hacia una mayor generalización.

Una vez establecido cara al alumno ese contexto en el que su obra adquiere significado, una vez producido ese reconocimiento, a partir de aquí es posible una crítica a esa cultura, de la que el trabajo del alumno no es más que un ejemplo, o mejor una aplicación. El profesor siempre tiene el recurso de criticar el contexto cultural en el que se inscribe la obra, pero no sólo puede sino que debe hacerlo. Quiero decir que si la cultura implícita en la propuesta que presenta el alumno es insignificante, el trabajo inicial del profesor es poner en crísis esa parte de la institución en la que se apoya la cultura del alumno. El poema debe ser siempre crítico, y no dar ningún valor por indiscutible.

Con ello nos aseguramos la posibilidad que debe tener el profesor de criticar la ideología, que cualquier elección individual siempre supone. Pero en este caso la crítica ideológica es explícita y puede ser rebatida por el alumno, apelando él también al peso de la institución.

La enseñanza como juego

Siguiendo con lo hasta aquí expuesto, hemos llegado a un punto en el que la enseñanza se nos plantea como punto de encuentro entre una racionalidad y una subjetividad. Nos encontramos con lo que Schiller describe como "espíritu de juego". Se produce éste en la relación entre estos dos espacios de conocimiento distintos, pero contiguos: el de la racionalidad frente al de la irracionalidad. De la oposición entre ambos nace para Schiller el mundo de lo estético.[93] También y desde otro punto de vista, y refiriéndome a la obra de Blumenberg, reencontramos esa idea de juego estetico, aunque expresada en otros términos. Así Blumenberg habla de *"placer que entiende y entendimiento que disfruta"*, al referirse a la acción placentera derivada de la actividad estética.[94]

Insistir en ese valor de juego que supone la creación artística corrobora la idea de una pedagogía a caballo entre la subjetividad y la razón, o en otros términos, la pedagogía tal como la planteamos, trataría de *objetivar* lo subjetivo. En este mecanismo de generalización de lo particular reside la esencia de una pedagogía de la arquitectura.

De esa relación en el juego, surge la posibilidad de reconocimiento que está en la base de un aprendizaje de la arquitectura. Aprendizaje como juego, juego estético. Por tanto, una pedagogía establecida como creación, pues el profesor, en tanto que participa en este juego en la frontera entre subjetividad y objetividad, está produciendo experiencias estéticas, basadas en un reconocimiento y por ello creativas.

La enseñanza, tal como la hemos definido, participa también de este *balanceo*, siguiendo la terminología de Giesz,[95] entre un racionalizar lo individual y un individualizar lo racional. De aquí que una pedagogía definida en estos términos, sea una pedagogía que es en su estructura un acto estético. Por ello, y desde esa idea de "juego estético", el profesor poeta, lo es en tanto que no se conforma con presentar un relato pedagógico, sino que ese relato es o puede ser en sí mismo un acto de creación. Además el valor pedagógico de ese relato será directamente proporcional a la calidad estética que posea en tanto que poema. A mayor placer estético, mayor aprendizaje, pues no olvidemos, ese aprendizaje está basado en una emoción, que es una emoción estética.

Por ello cuanto mejor y más interesante sea esa creación, que es el poema pedagógico, mayor será su efecto, que es un efecto estético. La pedagogía se establece como hecho estético, y cuanto mejor sea su calidad mayor será, y más interesante, su efecto. Por ello el profesor finalmente también se mueve en ese juego, él también está a caballo de su propia subjetividad y la objetividad que confiere la institución, sólo que el debe ser consciente de ello y capaz de hacerlo críticamente, manteniendo la distancia entre la construcción en el juego y el objetivo pedagógico. Si esto no ocurre así, si no es consciente del peso que las opciones personales juegan en la construcción del relato pedagógico, está poniendo los fundamentos para producir la incomprensión en el espectador de su relato pedagógico.

Además, en la pedagogía no sólo es importante el contenido sino, y muy especialmente, el continente. La presentación que hace un profesor de su poema, la puesta en escena, es de hecho tan importante como el contenido mismo. La presentación, los medios de la representación que utiliza el profesor, se convierten ellos tambien en protagonistas de la pedagogía. Retomando a Aristóteles, es necesario por nuestra parte insistir en este momento en los medios que utiliza el profesor para la puesta en escena del poema creado.

Los medios de la representación

Hemos visto cuáles son los objetos de imitación por parte del profesor-poeta, y cómo debe elegir esos objetos de imitación en relación con el tema propuesto por el alumno. Pero, como veíamos anteriormente, la presentación de esa imitación, es decir los *medios* a utilizar por parte del profesor, son no sólo importantes sino en algunos casos decisivos. La misma idea de representación lleva implícita otra de reconocimiento, y por ello de aprendizaje. Por tanto el prefesor de arquitectos debe tener en cuenta que para una buena comprensión de su pedagogía es necesaria una presentación que la favorezca. Pero no sólo eso: si, como hemos visto, el aprendizaje supone siempre una emoción, la presentación puede, y de hecho así ocurre, provocarla.

Por ello es importante para el profesor conocer los recursos por medio de los cuales debe presentar su discurso, que es fundamentalmente una creación estética.

El medio básico que utilizará el profesor para presentar su discurso será el medio verbal. Esto lo hemos justificado anteriormente, en tanto que para que se produzca una discusión sobre un tema arquitectónico, y que ésta implique a las dos partes, profesor y alumno, es preciso exista una teoría, es decir una generalización lógica de dicho problema. Por tanto si existe esa teoría es posible comunicarla verbalmente. Por ello el principal medio de presentación con el que contará el profesor será el procedimiento verbal.

Pero, además, será tambien importante reforzarlo con otros medios, y uno de ellos y fundamental es el medio gráfico. El profesor puede y debe utilizar el recurso al dibujo como un complemento para hacer inteligible esa teoría. Hemos dicho que el discurso poético se establece como punto de encuentro entre profesor y alumno. Representar esa historia por medio del dibujo es un paso importante, y la posibilidad de manipulación que puede tener la representación gráfica para subrayar aspectos importantes de los procesos analógicos implicados en una enseñanza poética.

El dibujo permite construir en imágenes ese proceso de analogías entre la propuesta del alumno y los mitos extraídos de la institución. Por medio del dibujo el profesor presenta esos mitos de una manera otra. No utiliza la fotografía, que los presenta en su realidad más inmediata, sino que el dibujo le permite una reinterpretación "mediata", que posibilita una mayor claridad de las analogías implicadas en el proceso. Reencontramos la referencia a la consciencia imaginativa sartriana como mecanismo para superar la inmediatez de la realidad, construyendo imágenes pedagógicamente sugerentes que relacionen institución e individuo.

En cierto sentido, ese dibujo presentado por el profesor, y que acompaña su explicación verbal se construye al tiempo como representación de una preexistencia, como análisis del proyecto del alumno y como síntesis entre ambos. Así el dibujo en muchas ocasiones explicita mecanismos dinámicos de transformación formal, que en muchas ocasiones son difícilmente expresables verbalmente.

El dibujo permite una utilización de los precedentes distinta a la mera visualización de datos fotográficos, y concede al profesor unas posibilidades de ajuste entre realidad y ficción muy importantes. Con ello no sólo establece la analogía, sino que también le permite describir procesos dinámicos, en tanto que el dibujo que él construye se construye también en el tiempo. Con ello de alguna manera ese dibujo resume también, el proceso de diseño seguido por el alumno, estableciendo un antes y un después. Y ello nos asegura la *diacronía*, que considerábamos fundamental al plantear el aprendizaje como un proceso temporal. El trazado ante los ojos del alumno de un dibujo que al tiempo que establece analogías con la institución, con los mitos, presenta un proceso de construcción de la forma, es de un indudable valor pedagógico.

Este "dibujar frente" es, no sólo un análisis y una representación tanto del trabajo del alumno como de los precedentes utilizados, sino en sí mismo una sugerencia de posibles modificaciones. "Dibujar frente" es un hecho gestual, que nos permite sugerir trazas que de alguna manera pasan a formar parte del contexto que definimos para la propuesta del alumno.

Luego representación, análisis y trazas en tanto que sugerencias abiertas, se pueden expresar a un tiempo por medio de un dibujo, acompañadas de un discurso verbal. Además se posibilita una libertad de acción del profesor que refuerza la idea de creación que un poema pedagógico puede tener y se constituye en objeto sugerente desde el punto de vista estético. Reconducimos el tema de la subjetividad del profesor y del valor de confrontación de ideas que tiene una pedagogía.

Establecemos que los medios de la imitación son el discurso verbal, que lleva implícita la idea de una teoría, y el dibujo, que supone al tiempo una teoría y una acción subjetiva. En estos dos medios fundamentales debe sustentarse la presentación de todo poema pedagógico, todo ello encaminado a un fin único que es provocar un reconocimiento por medio de una emoción.

El discurso verbal, por su parte, no debe olvidar también esa calidad estética de la creación pedagógica y utilizará con la mayor riqueza los mecanismos de la comunicación verbal.

Las inflexiones de la voz, el tono, la misma construcción del discurso tendente a enfatizar ciertos pasajes, a subrayar ciertos aspectos, forman parte sustantiva de los medios útiles para la presentación del relato pedagógico.

Las formas de la poesía

Hemos visto hasta ahora los objetos, los mitos, y los medios por los que se produce la imitación, pero Aristóteles establece en su poética una tercera diferencia entre los distintos tipos de imitación, que se basa en los modos en que se produce dicha imitación.

Es este un punto especialmente complejo a la hora de analizar un poema pedagógico por parte del profesor. Se refiere al modo en que se produce la explicación, lo que nos obliga a una reflexión sobre los diferentes papeles que juegan cada uno de los miembros que de una u otra manera participan en la representación. Hasta este momento hemos otorgado al alumno el papel de espectador de todo el proceso, papel que, por otra parte, no es en absoluto pasivo puesto que de su intervención, de sus dibujos, nace el poema pedagógico. Pero en cuanto nos planteamos la "forma" de la representación, esta primera asignación permite una lectura más detallada que, sin poner en crisis ese papel principal de alumno en tanto que espectador, admite su ampliación en algunos casos al de un papel de actor que colabora en la representación. Por ello debemos considerar ahora cómo y de qué manera se produce esa participación, que no es sólo contemplar la representación, sino intervenir además en ella de una forma activa.

Aristóteles[96] establece como formas de la representación básicamente dos distintas. Una es aquella en la que la acción poética se explica por medio de la utilización de la tercera persona, lo que significa la utilización de un narrador que cuenta la historia. La segunda es por medio de personajes que actúan. En nuestro caso y tal como hemos estructurado el poema, la imitación se realiza en principio como una explicación en la que el profesor se constituye en narrador. Pero esto en ocasiones puede ser sustituido por un diálogo, en el que el alumno también participe en la exposición. En este caso su participación será de dos tipos.

En primer lugar, el alumno al mostrar sus dibujos, produce una explicación de los dibujos que ha realizado, que es una descripción. Esta descripción no forma parte del poema, aunque permita su construcción, pues es uno de los datos a tener en cuenta para determinar el tema del poema. Pero hay una segunda intervención del alumno, no circunscrita a la mera descripción de unos dibujos, de forma más o menos consciente, sino como actor que sí está en la representación. Esta forma otra de intervención la provoca el profesor por medio de preguntas, de las que en el fondo conoce la respuesta e intenta inducirla en el alumno. Estas preguntas deben ir generalmente dirigidas a provocar en el alumno la explicitación de aspectos biográficos, que refuercen la argumentación del profesor respecto de algunas de las tendencias que transmiten sus dibujos, con el fin de asegurarse la verosimilitud. Esta especie de confirmación por parte del alumno de algunos de los rasgos más importantes del poema pedagógico producido por el profesor es especialmente importante en aquellos casos en los que el alumno desconoce explícitamente la cultura que está utilizando. En los casos en los que el reconocimiento parece difícil por la ignorancia del alumno, es interesante establecer los puntos de contacto a través de preguntas intencionadas sobre la experiencia creadora del alumno, pues siempre ofrece datos interesantes sobre su experiencia que hacen más verosímiles las deducciones del prefesor; y no olvidemos que la verosimilitud es la que confiere, al fin, credibilidad a todo el proceso pedagógico.

Sobre este punto, el del desconocimiento por parte del alumno de su propia teoría, es decir de su cultura, la cultura desde la que plantea sus proyectos, es algo sobre lo que me gustaría insistir. Para el alumno, en la mayoría de los casos, su experiencia de diseñador forma parte de una habilidad relacionada con una práctica, y por tanto desligada de una teoría. Queramos o no el "aura" artística que acompaña cualquier experiencia creativa se sigue planteando en nuestra cultura como fruto singular de la intuición artística. Por ello para el alumno su diseño es una acción individual difícilmente objetivable. Además y en el campo de la arquitectura, la herencia de un funcionalismo simplista, pobre herencia de una visión restringida de la complejidad del Movimiento Moderno, le hace ver su trabajo como fruto de un proceso racional basado en el análisis de las necesidades funcionales que debe resolver, entendidas éstas también en su sentido más mecánico y reductivo. La idea, nefasta, de que la forma sigue a la función está tan arraigada en nuestros alumnos, que para ellos el resultado de su arquitectura es, en muchos casos, resultado de un proceso "racional" en el que la subjetividad que supone una ideología no tiene lugar. Esa ingenuidad que les hace creer en una arquitectura por encima de opciones individuales, evita confrontaciones "ideológicas" sobre dichas opciones, que son subjetivas, y por consiguiente evitan al alumno la necesidad de su explicitación, ahora sí, racional. Por tanto la idea de un alumno desconocedor de la cultura arquitectónica que utiliza no es algo que deba extrañarnos sino algo, por desgracia, muy habitual en nuestras escuelas, incluso entre alumnos que presentan un buen nivel como diseñadores.

Esta situación, por otra parte, no es fruto de una incapacidad por parte de los alumnos, sino que en demasiadas ocasiones es resultado de una interesada ocultación por parte de nuestras escuelas de un debate serio y riguroso sobre la necesidad de justificar y explicitar de algún modo las distintas opciones de diseño, de discutir sobre ideas.

Por ello utilizar en cierto modo los medios socráticos, en especial la ironía, permiten involucrar al alumno en un proceso que desemboca en un reconocimiento por su parte de su propia cultura, al que sigue una crítica esa cultura. De hecho obligar al alumno a explicar sus dibujos, no deja de ser más que una forma de análisis.

Vemos, pues, que los modos de la imitación son, o pueden ser, muy variados y pasan por una preponderancia de la labor del profesor como narrador, en tanto que es a él a quien corresponde en último término la construcción del poema. Pero vemos también que sugerir la participación del alumno, por medio de la ironía, permite convertir la representación en la imitación de personajes que actúan. El papel fundamental corresponde al profesor, pues la participación del alumno siempre está subordinada a la labor poética ejercida por el este, pero siempre es posible involucrar al alumno con tal de asegurarnos la verosimilitud.

Resumiendo lo tratado en este capítulo, hemos establecido en él cuál es el objeto de una imitación pedagógica, objeto que debemos extraer siempre de la institución, a partir de la cual toma sentido la contextualización del trabajo individual. Imitamos acciones completas, y son acciones culturalmente significativas, es decir pertenecen a la arquitectura en tanto que producto cultural. Esas acciones culturalmente significativas, míticas, permiten, puesto que ellas son también fruto de acciones individuales, establecer analogías entre el trabajo de un alumno, su *habla*, que es acción individual, un marco más amplio de referencia, que es el de la institución, donde adquieren su verdadero significado. Con ellas construimos el poema pedagógico, que relaciona ambos niveles, el institucional con el individual. A partir de la representación de dicho poema, se produce una emoción, que es una emoción estética, que provoca en el alumno-espectador un reconocimiento, reconocimiento que es un pasar de la ignorancia al conocimiento. Y este tránsito supone un aprendizaje. O, en otros términos, dotar de estatuto institucional al *habla* de un alumno, que es una acción individual.

Hemos fijado también cuáles son los medios de dicha imitación, que es una representación por medio de un discurso verbal y de una presentación gráfica que realiza el profesor precisamente frente a su alumno, representación que lo es de una acción completa, acotada tan solo por la verosimilitud del relato pedagógico construido por el profesor, y que supone al fin un diagnóstico del trabajo del alumno, al tiempo que permite una valoración de su capacidad como diseñador. Deducimos de ello la *unicidad* del relato poético construido: es decir, este poema poético que estructura el profesor es la construcción de una teoría que explicita la acción de un alumno con el fin de provocar un reconocimiento. Pero precisamente por ello, *esa teoría es única y aplicable a ese proyecto y sólo a ese, pues se ha construido precisamente para él y a través de el*.

Este concepto de unicidad del poema pedagógico es fundamental para comprender en toda su dimensión una enseñanza poética. Lo que aseguramos es que el profesor no aplica una teoría de proyectos a priori e indiscriminadamente a todo alumno, sino que la aplica individualizadamente para cada caso particular, marcando las prioridades de cada proceso en concreto, a partir de la generalización de la acción individual. Una enseñanza poética supone la racionalización de lo singular, de lo subjetivo o, si así lo preferimos, de lo irracional.

Superamos así la reducción que analizábamos en los primeros capítulos al presentar las metodologías de proyectos insistiendo en su limitación. Con una enseñanza poética, la metodología se extrae de cada proceso individual, y esa es la gran ventaja. Cada proyecto requiere su teoría específica que no puede ser utilizada en cualquier otro caso. Como afirma Paul Ricoeur, al analizar la causalidad en historia, la relación causa-efecto, que está en la base de una explicación científica de la historia, supone que para generalizar una ley, es decir para convertirla en ley general que nos permita explicar acontecimientos históricos similares, es preciso añadir a la frase "siempre que A, entonces B" la precisión "siempre que A, y en las mismas condiciones que A, entonces B".[97]

De este modo, la presunta ley precisa de una descripción tan detallada del contexto histórico en el que adquiere significado que se convierte en ley general, perdiendo toda su precisión, pues convierte todos los casos de posible aplicación en una sucesión de casos particulares. Así una metodología de proyecto sólo tendrá sentido en tanto se deduce de las condiciones impuestas por el proceso de diseño mismo, y para cada caso particular. Cada proceso de diseño es un caso particular que describe su propia teoría. Por ello, la enseñanza poética nos asegura la introducción de ese factor esencial a la hora de estudiar los procesos de diseño, el de la singularidad de cada proceso, único e irrepetible. Una enseñanza así estructurada, nos permite superar las limitaciones de las metodologías basadas en leyes excesivamente amplias, y se nos plantea como la teorización de la singularidad.

La principal labor del poema pedagógico estriba en establecer la teoría implícita, o no, a cada proceso de proyecto. A partir de esa teorización de cada *habla* propuesta por un alumno es posible su confrontación crítica con la institución, de donde toma en último término su significado.

Una vez establecida esa teoría, se produce un reconocimiento que está en la base de un aprendizaje poético. Por ello nuestro próximo paso irá dirigido a reflexionar de qué maneras se produce ese reconocimiento, a la luz de la teoría que sobre el tema nos legó la *Poética* de Aristóteles, y a la luz que sobre de la idea de reconocimiento que ha hecho más recientemente Paul Ricoeur en su *Temps et recit*.[98]

NOTAS

80. Aristóteles. Op. cit.
81. En este momento cuando hablo de dimensión cultural, no establezco una valoración positiva o negativa de esa "cultura".
82. Ver Malinowsky. Op. cit., sobre la idea de cultura que utilizamos.
83. Op. cit., página 237.
84. Op. cit., página 55 y siguientes.
85. Muntañola se refiere también a la necesidad que implica construir desde un habitar. Muntañola cita a Luckács para quien el punto esencial en arquitectura es que no podemos pensar el construir sin definir al mismo tiempo un habitar.
86. Martin Heidegger. *Poetry language, thought*. Harper, 1971. También en Luckács. *Estética*. Madrid, Editorial Grijalbo, 1965.
87. Op. cit., página 146 y siguientes.
88. Jean Paul Sartre. L'imaginaire. *Psychologie phénoménologique de l'imagination*. París, 1940.
89. Utilizo el término *construcción*, en tanto que una imagen social es una construcción intelectual, fruto de un imaginar, y de ahí su valor estético. Ver también en Sartre, op. cit., página 239 y siguientes.
90. Cuando me refiero específicamente al desarrollo de su personalidad en tanto que diseñador.
91. Podemos aquí relacionar el valor estético de la mimesis basada en la diferencia, con la definición de placer estético que tomábamos de Blumenberg, como un entendimiento que disfruta, y un placer que entiende. Así una mimesis basada en la diferencia supone un placer estético. Jauss, op. cit., página 73.
92. J.P. Bonta. Op. cit.

93. Schiller. *Cartes sobre l'educació estética de l'home* Barcelona, Editorial Laia, 1983. Tambien Schiller establece el estado estético como estado social.
94. Blumenberg. Op. cit.
95. Giesz Ludwig. *Phänomenologie des Kitches*. Munich, 1971. En él Giesz se refiere al *placer estético* como relación dialéctica entre el placer primario y su objeto.
96. Aristóteles. Op. cit.
97. Ricoeur. Op. Cit. página 178 y siguientes.
98. Op. cit.

VII. La pedagogía del reconocimiento

La figura del reconocimiento

Hemos fijado los objetos, los modos y los medios que debe imitar un profesor con tal de construir su poema, que es un poema con un efecto pedagógico, pues produce una emoción estética, basada en un reconocimiento. Es momento de profundizar precisamente en ese efecto, una emoción basada en un reconocimiento y comprender en toda su complejidad la manera en que actúa ese *reconocimiento* para que se produzca un aprendizaje.

Vemos en Aristóteles cómo esta figura pertenece junto a la *peripecia*, y al *lance patético*, a los elementos de la trama. Se sitúan en el interior del poema, a modo de catástrofes en el sentido fenomenológico del término, y su presencia asegura el efecto último del poema. No quiere esto decir que la sola presencia de estos elementos de la trama nos asegure indefectiblemente su calidad pero, según Aristóteles, todas las buenas poéticas los poseen. Para nuestra pedagogía, el *reconocimiento* definido como el paso de la ignorancia al conocimiento supone para el espectador un aprendizaje.

Pasar de la ignorancia al conocimiento: este es el fin de cualquier pedagogía, y en nuestro caso ese paso se realiza fundamentalmente, por medio de una emoción, emoción generada por el poema pedagógico y que es esencialmente estética.

Como hemos visto hasta ahora, la raíz de tal emoción se encuentra precisamente en que ese reconocimiento es en realidad un autoconocimiento, pues está basado en la presentación al alumno, por parte del profesor, de su propia cultura arquitectónica, o mejor de una construcción que, tomando esa cultura implícita en los dibujos del alumno, se la presenta como posibilidad de coherencia dentro de la institución.

Por tanto la construcción del poema estará dirigido con la intención de provocar ese *reconocimiento* y utilizará todos los recursos poéticos necesarios para producirlo. Como hemos establecido anteriormente, es tan importante el contenido de dicho discurso como la forma en que este se presenta al alumno, pues de ello depende el efecto pedagógico.

El aspecto fundamental ligado a la idea de *reconocimiento* es el efecto que éste provoca. Hemos adelantado, en capítulos anteriores, que dicho efecto en la poética aristotélica se resume en la idea de *catarsis*,[99] que es la "expurgación de pasiones tales como la piedad y el horror". Para nosotros el reconocimiento supone una emoción, emoción que permite un aprendizaje. Y hemos establecido que esta emoción se refiere a un placer estético, provocado por la estructura del poema. Debemos, por consiguiente, profundizar en esa emoción, síntoma de un placer estético.

Retomamos el trabajo de Jauss, *Experiencia estética y hermeneútica literaria*,[100] y analizamos la referencia explícita a la articulación de la experiencia estética en tres planos, que no están jerárquicamente articulados, sino interrelacionados. Estos tres planos son para Jauss: poética, estética y catarsis.

En su trabajo Jauss, establece "*la conducta estética placentera se logra, en la catarsis, aceptando un juicio impuesto por la obra o identificándose con normas de conducta prescritas que, sin embargo, siguen siendo determinantes, y con esto la experiencia subjetiva se abre a la intersubjetiva. Al referirnos a la catarsis, lo hacemos por extensión a la experiencia estética del espectador.*" La relación de causa a efecto que la poética tiene sobre la catarsis, dirigida al espectador que debe ser *transformado o educado por la estructura de efectos del texto*. Reencontramos así y a través del análisis de los efectos del poema, es decir iniciando el proceso por su final, esta capacidad de la poética de *transformar usando de una emoción que tiene su origen en una experiencia estética*.

También en Jauss encontramos una interesante forma de interacción entre poética y catarsis, que supone una participación del espectador no como sujeto pasivo, sino implicado en la propia estructura poética como cocreador. Esto sucede en tanto que el espectador, no estando de acuerdo en su totalidad con el poema tal como le es presentado, pretende por medio de su acción modificarlo. No es necesario insistir en las ventajas que para nuestra pedagogía supone la participación del alumno espectador, convertido en espectador-auto de su propio poema pedagógico. Ya en el anterior capítulo anterior avanzábamos esta posibilidad, pero circunscrita a un trabajo de provocación por parte del autor, que utilizaba al espectador en su propio provecho. Pero éste permanecía en esa actitud de espectador "manipulado" por el autor. En esta lectura "desde el final del proceso", desde el efecto estético del poema, el espectador deja de serlo y se convierte en autor del poema. Nos aseguramos así la complejidad del proceso tal como lo hemos definido, que además permite en último término el ajuste del poema por parte del espectador, con lo que esto tiene de positivo para otros espectadores que presencien la representación.

Así, precisamos que el *reconocimiento* supone un placer que entiende y un entendimiento que disfruta, que supone una participación y una apropiación; placer que supone una educación. Conseguir del alumno una participación placentera en el porceso de diseño asegura un aprendizaje, y para ello debemos construir un poema que lo posibilite, y sobre todo que posibilite un reconocimiento emocionado. De este afecto nace sin duda un efecto pedagógico. Nada hay escrito sobre los problemas que supone para un "mal" alumno su incapacidad para mejorar su capacidad, pues está afectando aspectos esenciales de su propia personalidad. No es extraño encontrar en nuestras escuelas casos de problemas psicológicos entre alumnos con dificultades. Una pedagogía que consiga superar este problema, que no es un problema personal del alumno, sino que es esencialmente un problema "social", es una de las principales aportaciones de una pedagogía poética. Una enseñanza que consiga cambiar un sufrir la arquitectura por un *disfrutar la arquitectura*, tiene una buena parte del éxito asegurado.

También en Jauss[101] encontramos, en referencia a una carta de Goethe, una precisión al tipo de espectador ideal que puede encontrar un poema. Es éste el espectador que "disfruta enjuiciando y enjuicia disfrutando" pues es el que de verdad reproduce una obra de arte *convirtiéndola* en algo nuevo.

Volvemos en este punto a retomar el camino marcado por la poética aristotélica, para precisar más acerca del concepto de reconocimiento, y de los diversos tipos de reconocimiento que se dan.

Aristóteles establece en su poética hasta cinco tipos distintos de reconocimiento, pero no sólo hace eso sino que además precisa el valor poético de cada uno de ellos, atendiendo a la menor o mayor capacidad poética que requieren y de qué manera los construye el poeta.

Para Aristóteles, la forma más efectiva de producirse el reconocimiento es la que se deriva de la propia acción poética, y ligado a la peripecia, surge pues en combinación con ella. De este modo acción y reconocimiento se presentan del mismo modo.

Una vez establecido el principio básico de que peripecia y reconocimiento se integran en la acción, Aristóteles establece los diferentes tipos de reconocimiento que se pueden producir y cuál es su valor poético, atendiendo a su mayor o menor o menor dificultad y al tipo de efecto que producen.

La *cita* como reconocimiento

Así el primer tipo consiste en la utilización de señales, por lo que resulta calificado de *muy poco artístico*. En esta clase de reconocimientos el poeta propone un objeto por medio del cual el espectador reconoce al personaje. En nuestro caso esto sucedería así cuando el profesor estableciera en su poema una imitación de aspectos concretos y parciales del proyecto del alumno, de tal manera que se diera una comparación parcial del proyecto del alumno y aspectos parciales de precedentes pero sin una lectura más amplia del contexto cultural que definen esos precedentes, de tal manera que se produjera un reconocimiento parcial por parte del alumno, lo que conferiría escaso valor al discurso pedagógico.

Estaríamos ante una idea de reconocimiento estilístico basado en sistemas lingüísticos cerrados, que no obligan al alumno a reflexionar, sino que lo sitúan ante un hecho incontestable pero ajeno al contexto cultural definido por su trabajo. Una enseñanza basada en este tipo de reconocimiento se circunscribe más a una mera práctica de habilidad del alumno que a un verdadero ejercicio pedagógico.

Y ello porque el recurso es poco poético, puesto que es un reconocimiento que no pertenece a la estructura del relato, sino que se añade sin aportar ninguna comprensión profunda. Se mantiene al margen, sin integrar el trabajo y la personalidad del alumno en un contexto cultural sino tan sólo explicando algunos aspectos parciales de su trabajo. No pretende dialogar con la subjetividad del alumno, sino tan sólo establecer una comparación absolutamente artificial. Es una crítica sin crítica, puesto que no se plantea la posibilidad de una confrontación, sino tan sólo la presentación de un modelo "reconocible", al margen de la verosimilitud. El poema se construye ineludiblemente, pero el trabajo poético se limita a un presentar vacío de contenidos. Es al profesor a quien corresponde construir el poema, y no puede renunciar a ello. Por ello la mera presentación de los mitos arquitectónicos análogos a las propuestas del alumno no cumple con el objetivo de una enseñanza poética. Esta se produce a otro nivel, pues como hemos visto el profesor debe no sólo establecer reglas extraídas de la Institución, sino y sobre todo proponer modificaciones a partir de esas reglas.

La labor del profesor está en un conformar, es decir dar forma a aquello que es informe. Por tanto un reconocimiento sin conformación no produce un aumento sustantivo de dicho conocimiento. El aspecto fundamental está en ese "convencionalizar la invención", y eso no se produce desde la mera copia del modelo presentado acríticamente.

Un aspecto muy importante de la idea de reconocimiento está en evitar una enseñanza como psicoanálisis. Paul Ricoeur, en su primer volumen de *Temps et récit*,[102] pone como ejemplo de reconocimiento precisamente la estructura psicoanalista en la cual el trabajo específico del psicólogo consiste en recontar al paciente las características esenciales de su personalidad por medio del recurso de la deducción lógica, desde su propia experiencia vital, usando para ello los más significativos fragmentos de la misma. Con ello, el psicólogo reescribe la vida del paciente, que se reconoce de una manera otra. En nuestro caso evitamos este planteamiento precisamente por establecer una distancia entre alumno y profesor a través del proyecto. El profesor plantea su relato utilizando la mediación de los dibujos del alumno, que indudablemente contienen una importante parte autobiográfica. Pero como ya hemos establecido anteriormente, el profesor incide en la institucionalización de esos dibujos, sin llevar a cabo una labor psicoanalista. Bien es cierto que ésta sería posible, pero creo que no es competencia del profesor caer en esa tentación, aunque sería posible incidir en análisis psicoanlíticos que reconstruyeran mejor la personalidad del alumno. Pero nuestro interés se centra en la posibilidad de convencionalizar la invención, no en redimir al poeta de sus posibles contradicciones. Una enseñanza basada en el psicoanálisis es siempre posible, pero a la luz de la experiencia docente en las escuelas de arquitectura, esta sería materialmente imposible. Además este análisis similar al análisis psicoanalítico lo ofrece el propio dibujo del alumno iluminado por los mitos que la institución proporciona.

Establecida esta posibilidad de reconocimiento al margen del método psicoanalítico que hemos deducido para la pedagogía de la arquitectura, que se reconoce en tanto que existe una analogía institucional, es obligada la referencia de todas maneras a la obra de Sigmund Freud, en especial a la parte dedicada al análisis de la psicología del arte.

Este reconocimiento que produce un placer, que es estético y que yo utilizo en el sentido de reconocimiento del "producir dentro de la institución", pues es en ella donde el trabajo del arquitecto adquiere significado, Freud lo sitúa en un reconocer en uno mismo, en tanto este reconocimiento aflora a nivel consciente experiencias anteriores, olvidadas, que remiten a mitos de la infancia y por ello *desencadena un placer mayor, que procede de fuentes psíquicas de alcance más profundo, esto es del reconocimiento de experiencias pasadas.*[103]

Según la interpretación que sobre la teoría del psicoanálisis aplicado al arte hace Jauss,[104] esta teoría no se limita a actualizar la interpretación aristotélica de la cartarsis, sino que la supera, por medio del recurso a una idea de *preplacer*, fruto de la liberación de lo reprimido, lo que permanece en los más íntimos ideales de la infancia, que produce el reconocimiento con experiencias olvidadas. Este reconocimiento es compatible con nuestras tesis, siempre y cuando no caigamos en un neoplatonismo que permita "fijar" el dinamismo que tan costosamente hemos definido para establecer una institución basada en la analogía.

Lo que sí parece evidente es que para conseguir el reconocimiento no es preciso llegar al análisis psicoanalítico, aunque soy consciente de que siempre está subyacente, amenazando con una visión del reconocimiento estática, basada en mitos a recuperar, una suerte de ideal "búsqueda del tiempo perdido".[105] Es en todo caso al alumno a quien, en algún momento, ciertos poemas pedagógicos le sugieren aspectos de su experiencia personal, ligados a la arquitectura, que estaban dormidos o que le parecían irrelevantes para explicar su propia arquitectura, su capacidad de diseñador.

Entiendo que es lícito, desde el punto de vista del artista, referirse a su actividad en el sentido de "infancia recuperada". Esta es al fin la cita de Bataille que el filósofo Fernando Savater utiliza al inicio de su obra: "*La literatura es la infancia al fin recuperada*".[106] Nuevamente la memoria, como motor último, justificación de la actividad creadora. Pero desde el punto de la pedagogía, esto no puede llevarnos a la adopción del psicoanálisis como modelo pedagógicamente operativo. Lo que sí pone de manifiesto esta referencia en Savater, tan similar a la idea de memoria, tal como la hemos utilizado al referirnos a la *Autobiografía científica* de Aldo Rossi,[107] es el páralelismo de los distintos campos de la creación artística y el constante recurso a la memoria, como camino de justificación de la inspiración. Este paralelismo entre los intereses de los diferentes campos artísticos nos confirma en nuestra idea de una institución regida por la analogía y transformada por las aportaciones individuales. Y, como consecuencia nos reafirma en nuestra tesis de que cualquier pedagogía de las disciplinas artísticas, basadas en la *diferencia*, pasa indefectiblemente por la inclusión de la subjetividad como dato de partida.

Quien tenga una cierta experiencia pedagógica en el campo de la arquitectura habrá experimentado, en alguna ocasión la confirmación, por parte del alumno de ciertos aspectos sobre la crítica a su trabajo, a través de experiencias personales. Tantas veces, detrás de unos rasgos característicos del trabajo de un alumno, surgen referencias a trabajos teóricos precedentes, o bien referencias a viajes, visitas a edificios concretos que le han influenciado o cualquier otra experiencia personal. Pero esto, con ser importante, no es necesario para nuestro objetivo. Ocurre que ese reconocimiento no tiene por qué corresponderse con experiencias personales, sino que sólo viene convalidado por la verosimilitud del relato construido por el profesor.

Es importante, pues, establecer las necesarias diferencias entre una pedagogía poética y un psicoanálisis porque la tentación de intentar analiazar psicoanalíticamente a los alumnos, por medio de entrevistas personales, difícilmente operativo y creo que no aporta nada al aprendizaje, pues, insisto, éste se produce en la intersección de lo objetivo y lo subjetivo, es decir en el espacio del juego como hemos visto, en sentido estético. Por ello insistir en los aspectos meramente personales no aportará grandes avances en el campo del aprendizaje de la arquitectura y, en último término, remitiría nuevamente a la eterna discusión del don de la arquitectura, entendido ahora desde esa referencia a las experiencias dormidas de la infancia y el juego. El aprendizaje está en el reconocimiento poético: este es un reconocimiento mítico y en nuestro caso se produce por medio del dibujo. En último caso el sujeto del análisis, como hemos anunciado, es el dibujo y no el alumno; por ello la enseñanza poética es institucional y es verdadera, no sólo para el propio interesado, quien presenta los dibujos, sino para cualquier otro que asista a la representación.

Por tanto el reconocimiento basado en aspectos parciales, la presentación acrítica de modelos a modo de "citas" eruditas, no es un camino pedagógicamente válido, pues conduce al alumno a un tipo de reconocimiento que no se desprende de la estructura del relato, sino que tan sólo le presenta unos modelos a copiar. Con ello se pierde precisamente toda la capacidad pedagógica que posee una enseñanza poética.

No debemos olvidar en este momento que Ricoeur,[108] la ampliación que para el modelo aristotélico supone la introducción del factor temporal en la estructuración del relato, le permite hablar no de la intriga como hecho aislado, sino de la "puesta en intriga" como modelo en la construcción de la ficción poética. Por ello la mera presentación de modelos o precedentes no cumple con esa condición básica ricoeuriana de la "puesta en intriga" en sentido dinámico. No se trata, pues, de una demostración de erudición sin contenido por parte del profesor sino, por el contrario, de producir un reconocimiento, de pasar de la ignorancia al conocimiento, por medio del relato establecido como intersección entre el horizonte del texto y el horizonte del espectador, en este caso el alumno.

La referencia histórica produce un efecto de verosimilitud superior en el espectador. Por esto es necesario insistir en esa idea de referencias por medio de *trazas*, trazas con contenido histórico sobre las que se construyen poemas verosímiles.[109]

Pero para producir esa verosimilitud no basta con la exposición de esas trazas, es imprescindible presentarlas en tanto que relato.

En un artículo sobre el proyecto del arquitecto Rafael Moneo para el edificio Bankinter de Madrid, su autor, Antón Capitel,[110] establece las citas a partir de las cuales es preciso entender ese proyecto en tanto que *collage*. La sucesión de referencias es muy útil para comprender los pasajes arquitectónicos de los que Moneo extrae las citas precisas para construir su proyecto. Pero pese a ser muy importante para reconocer esa arquitectura no es la arquitectura. Para explicar el proyecto es preciso además construir un relato, un poema a partir del cual sea posible no sólo reconocer las historias, sino sobre todo reconocer el proyecto en tanto que acción. Capitel finaliza el artículo justificando una a una la presencia de cada una de las citas, a partir de aspectos parciales del proyecto. Desde mi punto de vista y en función de lo hasta aquí expuesto, el análisis no debe conformarse con llegar sólo hasta aquí. Es preciso reconstruir la unidad del proyecto, integrar las citas en una dimensión superior del proyecto. Es preciso contextualizar el proyecto, establecer los mecanismos sociales que desencadena, comprobar cuál es en último término la actitud que Moneo establece frente a la arquitectura. Aquí, en este punto, se sitúa un verdadero reconocimiento; por tanto un reconocimiento basado en la presentación parcial y a priori del proyecto y sus trazas sus referencias, no está en la línea del reconocimiento que establecemos como pedagógicamente relevante.

Así el reconocimiento no es la mera presentación de precedentes, sino una presentación que es una representación.

Es en último término, es el profesor quien debe proceder a la síntesis de las citas, pues en ello radica de un lado la posibilidad de una pedagogía basada en el reconocimiento de la acción, que no sea la de una parte, y de otro lado la posibilidad de una pedagogía basada en una acción creativa por parte del profesor, pues para ello es preciso que la acción imitada sea completa. La simple cita no produce un verdadero reconocimiento, tan sólo la existencia de unas trazas; para que exista el reconocimiento debemos construir un relato.

Contexto y reconocimiento

Otro tipo de reconocimiento establecido por Aristóteles en su poética es el reconocimiento concebido por el poeta mismo, al que califica de *muy poco artístico*.[111] En estos casos el poeta, para nosotros el profesor, actúa desde prejuicios establecidos al margen del contexto. El profesor provoca un reconocimiento al margen del contexto, desde una posición personal que sólo explica su propia experiencia, no aquello que el texto presentado por el alumno sugiere. Es este un reconocimiento al margen del contexto, por ello su posible calidad pedagógica es discutible, pues no entra en ese espacio del juego en el que proponemos nuestra pedagogía. El reconocimiento así obtenido será un reconocimiento de escaso valor pedagógico, pues es artificial y no previsto por el desarrollo de la acción, pues no se desprende de ella, y sugiere una actitud por parte del profesor de imposición de sus ideas, por encima de posibles lecturas críticas. Es la simple imposición de un conocimiento parcial y abstracto por encima de cualquier posibilidad de diálogo.

En este caso el efecto pedagógico es mínimo en tanto que el poema es autónomo de las sugerencias contenidas en el proyecto presentado por el alumno. Por tanto el profesor escapa de ese espacio del juego que significa establecer el campo del poema entre la subjetividad del alumno y la razón que infunde la institución. El profesor tiene, a pesar de todo, una gran autonomía a la hora de construir su poema, pero en último término dependerá de la posibilidad de que dicho poema aparezca como verosímil a los ojos de los espectadores el que el efecto pedagógico se produzca.

Es este el caso del profesor que impone su concepto de arquitectura sin explicar el contexto cultural en que ésta adquiere sentido y la presenta como una verdad universal en lugar de una opción ideológica. Hemos planteado anteriormente este problema al hablar de la *objetividad* del profesor a la hora de establecer la crítica al trabajo de los alumnos. Sabemos que la objetividad absoluta en arquitectura no existe. Por tanto, el reconocimiento por parte del profesor de su propia *subjetividad* es un paso previo para poder ejercer la enseñanza. En muchos casos, es la propia incapacidad del profesor para conocer en profundidad su subjetividad, lo que le incapacita para ejercer una pedagogía correcta. En la mayoría de los casos el profesor se considera con una capacidad de *objetividad* por encima de la que realmente posee, pues no debemos olvidar que esa capacidad de objetivar sus propios presupuestos es una capacidad del conocimiento crítico de la institución. Así el profesor presenta al alumno su propia subjetividad como una opción objetiva, basada en criterios racionales: no hay inconveniente, ni es necesario por parte del profesor abandonar aquello que él firmemente cree; el problema aparece cuando pretende que los demás se reconozcan en él como crítica desde la objetividad.

Es, pues, muy importante que el profesor explique en último término cuál es su ideología y que ésta no sea inoculada al alumno desde una supuesta objetividad, sino claramente como opción personal. Este es un problema que se produce a menudo, sobre todo utilizando como coartada ciertos aspectos del funcionalismo más empobrecedor de la complejidad del Movimiento Moderno. Tras una supuesta racionalidad, justificada por aspectos de crítica puramente funcionales, en el sentido reductivo que tiene el término -entendiendo *función* en el puro sentido mecánico, de satisfacción de necesidades, el profesor introduce aspectos ideológico-formales de una manera absolutamente acrítica. No es cierto en absoluto que la forma siga a la función, y ésta podría ser la más perniciosa herencia del Movimiento Moderno. La justificación de opciones formales y por tanto ideológicas y subjetivas desde la razón: esta es una actitud que se da en nuestras escuelas más de lo que parecería razonable, y son los alumnos quienes más la sufre . Ese dogmatismo que emana de tales presupuestos acaba por imponer la irracionalidad en el proceso de enseñanza, desde una supuesta racionalidad.

Recientemente fui testigo de una curiosa crítica por parte de un profesor a un alumno que defendía su proyecto final de carrera. El alumno presentaba como tema la resolución de un edificio destinado a club náutico. El edificio poseía una entrada única, tanto para los usuarios procedentes del exterior como para aquellos que llegaban de los muelles, por tanto sin ir correctamente vestidos. La defensa del alumno de tal opción de entrada única pasaba por la argumentación de que el mantenimiento de dos entradas, con el control de una persona, suponía un importante coste adicional al mantenimiento del edificio, pues obligaba a duplicar la partida de personal necesario para controlarla. El ataque por parte del profesor fue frontal y contundente. Con la amenaza apocalíltica de bañistas con los pies sangrantes, pisoteados por aquellos usuarios provistos de sus ropas de calle y sus contundentes zapatos de piel, el proyecto fue severamente criticado por la superficialidad del análisis funcional, que por extensión es racional. El alumno se encontró frente al peso de la razón absoluta, lo que no le permitía réplica alguna a la argumentación del profesor, amparado en el peso de la ciencia "objetiva". Pero, en el fondo, la discusión no estaba planteada en sus justos términos. Lo que se estaba criticando era la cultura del alumno, que le permitía aceptar sin excesivos problemas la promiscua mezcla de cuerpos desnudos y caballeros correctamente ataviados, frente a la cultura del profesor, que no aceptaba tal "disparate". Por tanto tras una presunta crítica objetiva se escondía desde mi punto de vista, una crítica ideológica, y por tanto subjetiva. Es este uno de los problemas que más desasosiego crea entre los estudiantes, pues se enfrentan a una irracionalidad disfrazada de razón.

Por ello este tipo de reconocimiento es muy negativo para la enseñanza de la arquitectura, pues fomenta un importante equívoco entre subjetividad e institución, al presentar las opciones personales del profesor como consecuencias objetivas de la institución. Por otra parte este tipo de falso reconocimiento es difícil de combatir, precisamente por la cantidad de situaciones equívocas que posibilita. El alumno se ve ante el dilema de enfrentar su ideología a la ideología del profesor, que le es presentada como lógica consecuencia de un análisis racional. Este es el problema, y por ello un reconocimiento así establecido no posee carga pedagógica.

A través de mi experiencia pedagógica en la escuela de Barcelona, he podido comprobar hasta qué punto claras opciones formales relativas a arquitecturas no excesivamente lejanas en el tiempo son comprendidas e interpretadas por los alumnos como opciones neutras sin ningun tipo de valor formal. Para ellos esa arquitectura, es una arquitectura sin *figura*, es decir al margen de cualquier interpretación que incida en los aspectos simbólicos y representativos. Este es un ejemplo que explica este tipo de enseñanza acrítica, en que las opciones personales se enmascaran detrás de una supuesta objetividad.

En este sentido es interesante comprobar cómo Aldo Rossi y otros autores, en el libro *Arquitectura racional*,[112] establecían los criterios para poder hablar de una arquitectura racional, atendiendo precisamente a parámetros formales, aquellos que en principio paracen los de mayor dificultad de objetivación. Por ello la redefinición de los aspectos formales como fruto de una racionalidad específica, no consecuencia de aspectos de uso obliga a reconsiderar esa introducción subrepticia de las opciones subjetivas.

El reconocimiento, pues, debe desprenderse de la propia acción y ser propuesto por el profesor al margen del contexto en que se inscribe la acción. Es imprescindible esa contextualización del proceso para que la acción pedagógica resulte completa.

Reconocimiento y acción

La mejor clase de reconocimiento es aquella que se desprende de la acción misma, por tanto no forzada por el poeta. Este tipo de reconocimiento supone una verosimilitud que se desprende de la acción misma. Queremos decir que el profesor utiliza para ello los datos que extrae de la propia dinámica establecida por el alumno. Esto significa que el trabajo del alumno tiene ya una cierta estructura que permite una fácil contextualización. Con ello la labor de reconocimiento adquiere una mayor fluidez y la verosimilitud se da por la propia estructura interna del dibujo del alumno, que define un marco cultural específico al que referirse, a partir del cual el diálogo entre alumno y profesor se da con suma facilidad.

A partir de este punto el trabajo del profesor se dirige fundamentalmente a completar una crítica a ese contexto cultural, dentro del cual la cultura del alumno, expresada por medio de sus dibujos, adquiere significado, pero además debe, con su crítica, posibilitar la evolución de su personalidad, en función de esos rasgos característicos. Por ello, esa crítica será no sólo críticas de modelos en sentido estático, sino y sobre todo una evolución histórica de las ideas arquitectónicas que configuran la institución. Para ello lo importante es estudiar las desviaciones que el modelo de referencia posibilite a partir de una interpretación canónica. Previamente se produce una crítica respecto de la ortodoxia del modelo análogo utilizado, que debe ser una lectura sintáctica que permita establecer los posibles errores producidos por parte del alumno en cuanto a la interpretación del modelo, y comprobar el grado de dominio que sobre él posee.

En esta doble lectura, sincrónica y diacrónica, del modelo o *mito* imitado por el alumno dentro de la institución, no interesa tanto, cara a la discusión del trabajo del alumno, la fidelidad de su interpretación del modelo utilizado -aunque sí es necesario establecerlo con precisión- cuanto presentarlo, como solidificación temporal de un sistema en continua transformación.

Un ejemplo de esta lectura que se produce desde la sincronía, al tiempo que pretende una transformación diacrónica, puede estar en la utilización que de algunos conceptos arquitectónicos hacemos ante los dibujos propuestos por los alumnos. Un caso corriente en muchos de esos trabajos es el de explicar los proyectos desde la idea de recorrido espacio-temporal. Esta explicación, en la mayoría de los casos, se produce de una manera intuitiva, sin una verdadera consciencia por su parte del contenido institucional de ese concepto arquitectónico. El trabajo del profesor consiste, entonces, en recontar el proyecto a la luz de la idea de recorrido. Para ello puede iniciar la explicación, si pretende una visión más amplia, en las precisas descripciones de Witkower[113] sobre la frontalidad, el punto de vista y la disposición del plano de fachada como plano de "vibración espacial", aplicada a su lectura sobre la arquitectura del Barroco. Puede proseguir con la idea de superposición de múltiples puntos de vista que supone la arquitectura del XIX, para posteriormente introducir el concepto de recorrido espacio-temporal del Movimiento Moderno, haciendo especial referencia a su relación con el Cubismo.

Una vez presentada la idea de *promenade architectural* y su evolución a lo largo del tiempo, es posible ejemplificar con algunos proyectos especialmente significativos, para comprender visualmente la formalización de esos conceptos abstractos. En este punto es donde el profesor-poeta puede utilizar un redibujar esos ejemplos, como mecanismo de puesta en escena de la analogía que está proponiendo. Una vez establecido, de una manera canónica,[114] el problema arquitectónico que el *habla* del alumno implícitamente propone, es importante no sólo repasar los precedentes, sino al tiempo ver cómo ese concepto puede ser manipulado, transformado, reelaborado, utilizando para ello conceptos complementarios o antagónicos de esa idea de recorrido arquitectónico. Así relacionar recorrido espacio-temporal con el concepto de *transparencia*, tal como lo define en su artículo "Manierismo y arquitectura moderna" el crítico Colin Rowe,[115] la noción de topología aplicada a la arquitectura, tal como la define en sus artículos sobre los proyectos de Giuseppe Terragni, Peter Eiseman.[116] También es posible oponer al recorrido espacial, la frontalidad que algunas ideas de Robert Venturi sobre el elemento de doble fachada, ligado de un lado al valor simbólico de la forma y de otro a la profundidad del espacio relacionado con el concepto de transparencia, parecen sugerir.

Vemos que las posibilidades del discurso pueden llegar a ser inmensas, y serán las sugerencias del dibujo del alumno los criterios que permitirán ajustar la discusión en uno u otro sentido. Lo que siempre me ha ocurrido al explicar teóricamente los proyectos de los alumnos es la constatación de que dicha teorización les permite ver su propio proyecto también teorizado, y esto les hace comprender, de un lado, en toda la complejidad de aquello que estaba proponiendo su trabajo, y de otro le permite abrir interesantes vías para su posterior evolución.

Es fundamental esta visión de la institución como sistema en continua transformación, pues por la analogía que establecemos entre institución e individuo -entre *langue* y *parole*- supone tambien una definición del aprendizaje como sucesión en el tiempo. El profesor no debe contentarse en dar al alumno el reconocimiento del contexto en el que su obra adquiere sentido sino, sobre todo, cómo evolucionar a partir de él. Todo ello por medio de la analogía.

Un reconocimiento así establecido supone la mejor manera de producirse. El alumno está dispuesto a reconocerse, en tanto ese punto de encuentro con el profesor le produce un alto grado de seguridad, seguridad que es estética pues así hemos definido el reconocimiento en tanto que emoción, lo que le permite establecer unas firmes bases de conocimiento de su propia personalidad de diseñador, desde las que su evolución es no sólo posible, sino imprescindible.

Esta sensación del alumno de sentirse él también, reconocido es algo que se experimenta con mucha claridad, sobre todo por parte de aquellos alumnos que ya tienen una cierta intuición de la institución. Para ellos es muy gratificante, de un lado, sentirse reconocidos por otra persona, y de otro les resulta interesante, por medio de una crítica acertada por parte del profesor, producir su propia evolución.

Como hemos visto, cuando el alumno tiene ese conocimiento implícito o explícito de la institución, el trabajo del profesor para producir el *reconocimiento* es relativamente fácil y sobre todo pedagógicamente productivo. Si el alumno no es consciente de la cultura que pone en juego al desarrollar su arquitectura, enfrentado a su propia cultura sufre una importante sacudida, de la que surge un aprendizaje. Estudiar conscientemente ese contexto le supone una importante experiencia de aprendizaje. Para aquel alumno que conoce su propio contexto, el lugar donde su trabajo adquiere sentido institucional, sentirse reconocido le supone un incremento de su seguridad como diseñador. En tanto es consciente de que aquello que evoca su trabajo es comprendido, comprende que su esfuerzo vale la pena. En este caso vemos que se produce la casi inversión del proceso y el alumno, en algún sentido, se convierte en autor del poema, con lo que se reafirma este traspaso de papeles entre profesor y alumno. La culminación del proceso de aprendizaje estriba precisamente es esa culminación de la inversión. El alumno deja de ser espectador para devenir poeta, es decir *creador*. El trabajo del alumno adquiere entidad en tanto que creación, y el profesor con su reconocimiento, confiere valor creativo al alumno en tanto que poeta.[117]

Llegamos aquí al final del recorrido, en tanto que el conocimiento del alumno del contexto en el que se inscribe su obra le confiere sentido, y al tener sentido permite el reconocimiento en los demás. El ciclo se cierra cuando el alumno, que inicia su experiencia de aprendizaje asumiendo el papel de espectador de una tragedia que no ha escrito él, consigue, tras producirse su reconocimiento en la obra de los demás, adquirir también él valor en tanto que poeta.

Pero ¿qué pasa con aquellos alumnos que todavía no tienen una intuición de la institución? La labor del profesor se complica por cuanto suponemos que el trabajo del alumno se manifiesta más allá de la institución. Aquí el profesor cuenta con dos posibles caminos.

El primero de ellos consiste en un trabajo de reconstrucción a partir de los fragmentos de un naufragio, el del alumno, en su intento por alcanzar la arquitectura. El alumno sin una intencionalidad en su discurso arquitectónico suele recurrir a la fragmentación de las referencias. Por ello su discurso es entrecortado, parcial y carente de unidad. Esto se produce como consecuencia de la cantidad de información que reciben los alumnos en las escuelas de arquitectura, y que incide en campos de conocimiento tan diversos como la estética, la historia, la física, los sistemas constructivos o el cálculo infinitesimal. Realizar la síntesis es un proceso difícil para un alumno con una preparación insufuciente. El trabajo del profesor, en estos casos, consiste fundamentalmente en una labor de reconstrucción de la unidad no contenida en el trabajo del alumno, por medio de un poema arquitectónico que la construya, utilizando para ello los fragmentos del naufragio, de manera que pueda resultar verosímil para él. Así construirá un poema que, dejando fuera muchas de las inconexas referencias sugeridas pero no desarrolladas por el alumno, y respetando la verosimilitud el alumno pueda reconocer como propio, que no será exactamente el suyo, pero que se establecerá en tanto que marco de referencia, a partir del que iniciar su estudio. Ante la falta de coherencia interna del trabajo del alumno, el poema pedagógico propondrá, en primera instancia, un modelo cerrado y completo, simple, referido a alguna de las posibles citas contenidas en el proyecto del alumno. A partir de aquí, si conseguimos que el alumno haga suyo ese marco de referencia que le presenta el profesor, podrá iniciar un proceso de aprendizaje basado en la coherencia contenida en el poema del profesor, que dotará a ese estudio de la unidad que al alumno le faltaba.

Este tipo de alumnos es posiblemente el más corriente, y los resultados acostumbran a ser con respecto a ellos espectaculares, incluso cuando alguna de las referencias que sus propuestas presentan parcialmente son de una indudable complejidad. El obstaculo será siempre la verosimilitud del poema; una vez producida ésta, y con la emoción estética conseguida, que en estos casos suele ser mayor, la colaboración por parte del alumno suele ser importante.

Finalmente queda el caso de aquel alumno al margen de la institución, lo que podríamos denominar la tragedia pedagógica, bastante usual en nuestras escuelas. Es el caso de aquel alumno, que sobre todo en cursos superiores, plantea su trabajo al margen de cualquier cultura. Aquí el reconocimiento es también posible pero precisamente en sentido negativo. Su confrontación con la institución debe resolverse por medio de la analogía con las imágenes más denostadas de la arquitectura actual. Las referencias a la arquitectura comercial de nuestras ciudades debe imponerse como modelo análogo al trabajo de este tipo de alumnos. Ellos tambien tienen su referencia cultural, nos guste o no, y ésta es hija en algún caso de una estrecha visión funcionalista en sentido estricto. Presentarles de una manera cruda la realidad de su trabajo es un primer paso. Esta presentación debe ser clara y directa, sin concesiones, pues sólo con esa dramática confrontación es posible un primer punto de encuentro. Todo es posible, siempre que el alumno ponga de su parte su voluntad de trabajo. El camino a seguir tras ese reconocimiento en la deformidad, es el de la imposición de un modelo cerrado a copiar. Es este un primer paso para desencadenar un proceso de aprendizaje basado, en primer lugar, en la copia de un modelo. A partir de ese primer trabajo quizás sea posible ir más allá.

El aprendizaje de la arquitectura puede llegar a ser traumático, es algo que se debe afrontar, pero la conmiseración no conduce a ningún lado. No será la primera vez que un alumno llega a llorar tras un reconocimiento dramático, cuando la imagen reflejada por el espejo le muestra un mito en el que no le gustaría ser reconocido, pero la arquitectura, precisamente por implicar aspectos muy profundos de la subjetividad de cada indivuduo produce estos riesgos. Por ello, como advertíamos en un capítulo anterior, discutir sobre el proyecto establece una distancia entre individuo y arquitectura que permite superar esa difícil identificación entre sujeto y objeto. El profesor debe dejar claro que el reconocimiento va dirigido al objeto y no al sujeto. En otras palabras, lo equivocado es el objeto arquitectónico, pero queda al margen el individuo y su personalidad, lo que permite su recuperación. Esta es otra de las ventajas de definir la arquitectura y su aprendizaje desde una visión poética, pues esta es la imitación de acciones, por tanto deja al alumno a salvo de una identificación con sus dibujos que podría ser tremendamente negativa en demasiados casos. Reivindico nuevamente el derecho del alumno a equivocarse, sin por eso ser tachado de incapaz para la creación artística como tantas veces se nos ha hecho creer.

La complejidad de una enseñanza de la arquitectura se pone de manifiesto nuevamente, y es intrínseco ese espacio de juego que establecemos entre la objetividad de la institución y la subjetividad del individuo.

Clasificación de los tipos de estrategias

Como resumen de lo hasta aquí expuesto referente al reconocimiento y las diversas formas de producirse éste, en función de los distintos tipos de situaciones que se producen, podemos establecer, a modo de clasificación en grandes grupos, los tipos de alumnos atendiendo a su actitud respecto de la institución, de modo que podamos plantear, en función de los diversos tipos de subjetividades, los diferentes tipos de actitudes por parte del profesor-poeta.

En primer lugar, situamos el grupo formado por aquellos alumnos que utilizan unas referencias culturales precisas y además son conscientes de ello. Es quizás un grupo reducido, pues supone un alto grado de madurez que no es habitual a nivel de estudiantes.

La estrategia a seguir por parte del profesor, con este tipo de alumno espectador, es clara. En primer lugar, debe construir un poema tal que explicite la comprensión por su parte de la cultura del alumno, es decir debe aceptar el contexto cultural que establece el alumno. Con ello el alumno siente que su trabajo es reconocido. A partir de este punto se produce un doble trabajo por parte del profesor. De un lado el contexto de referencia debe ser presentado en tanto que evolución en el tiempo y no como un modelo cerrado, que presente la idea de una imitación en sentido de copia literal. Otro aspecto a considerar por parte del profesor será el de la crítica del contexto cultural del alumno, confrontado con otros contextos posibles. El hecho de que un alumno sea consciente y posea una información sobre la cultura que utiliza no supone más que eso. De ello no se deduce una calidad del producto arquitectónico presentado.

Así es común encontrar en nuestra escuela una proliferación de referencias a las modelos arquitectónicos de los años cincuenta, especialmente los referidos a una visión funcionalista de la arquitectura, a la descomposición funcional de los elementos arquitectónicos, la formalización de los sistemas de comunicación verticales y horizontales, procedente todo ello de una cultura muy definida. La labor del profesor pasará no sólo por la presentación del modelo cultural al que pertenece dicha arquitectura, sino además a su puesta en crisis así como su discusión. Además deberá presentar el contexto cultural en sentido amplio al que dicha arquitectura hace referencia, los temas de discusión que suponía, y sobre todo deberá presentar su evolución y los modelos alternativos que posibilitó. En esto radica la posibilidad del aprendizaje, en evolucionar los propios presupuestos, aceptándolos como punto de partida.

Todo ello deberá formar parte de ese poema pedagógico a partir del que se produce el reconocimiento. Con ello el alumno posibilitará, por analogía y tal como hemos explicado en capítulos anteriores, la evolución de su propia poética ya establecida como conocimiento subjetivo de la institución. No me cansaré de explicar cómo nuestros alumnos son en estos momentos bastante menos modernos de lo que en ocasiones sus atuendos permiten suponer. Es normal que entre sus actitudes vitales y su arquitectura se produzcan saltos espectaculares. Incidir en ello permitirá un debate sobre su cultura, que no por poseerla debe ser aceptada sin discusión.

Un segundo tipo de alumnos es aquel que posee una cultura implícita, pero que no la ha explicitado nunca, por tanto no la ha reconocido como tal. Es uno de los casos más corrientes. El alumno se mueve intuitivamente en un contexo cultural que establece unas pautas institucionales de acotación a su trabajo y que, al no estar explicitado, es decir reconocido le produce errores e incoherencias. Lo principal en estos casos consiste en construir un poema que permita al alumno el reconocimiento de su propia cultura, lo que supone dar contenido institucional a sus dibujos que para él no tenían previamente para, a partir de aquí, seguir como en el caso anterior. Vemos como el problema concreto que establece el proyecto es trascendido por este nivel superior que supone la relación entre institución e individuo.

El tercer tipo de alumnos es aquel que no posee una consistencia en el discurso que plantea y se mueve por fragmentos, por aspectos parciales, y así cada aspecto del proyecto recibe un tratamiento singular y específico. En estos casos la principal intención del poema por parte del profesor consiste en construir una historia que reconstruya la unidad perdida, bien a partir de la construcción de un poema alrededor de la utilización de uno de esos fragmetos como tema pricipal que estructure el conjunto, bien a través de la idea de *collage*, buscando el hilo conductor que posibilite una lectura refencial y unitaria del conjunto. Todo ello convalidado por la verosimilitud que permita el reconocimiento por parte del alumno de esa unidad reconstruida por el profesor como sugerida por su propio trabajo. Una vez construida esa coherencia interna del proyecto, este caso se asimila a los anteriores, haciendo especial énfasis en la necesidad de disciplinar al alumno en la comprensión del modelo propuesto por el profesor. Este dotar al alumno de un contexto cultural es una de las mayores aportaciones que el profesor puede hacerle, pues tal como lo hemos definido es posiblemente un alumno con problemas. A partir del reconocimiento por parte del alumno de ese contexto verosímilmente propuesto por el profesor, es posible desarrollar un aprendizaje en la coherencia.

Hay que ser consciente que en los primeros momentos, y dada la impericia del alumno, sus primeros pasos serán de mera repetición, de pura copia del modelo construido por el profesor. Pero lo importante para el alumno es comprender que su trabajo evoluciona a partir de un trabajo de estudio teórico del modelo propuesto por el profesor.

Nunca insistiremos bastante en la importancia que para el alumno tiene esa posibilidad de estudiar teóricamente un modelo y ver cómo su propio trabajo gana en calidad, profundidad y, como existe la posibilidad de evolucionar, cada vez en mayor independencia. En algunos casos los resultados son espectaculares, y alumnos que presentan una imagen de absoluta incapacidad, al adquirir la seguridad suficiente como para sentirse ellos también reconocidos evolucionan con rapidez. No es fácil en muchos casos moverse por estos espacios de juego, pues son demasiadas las ocasiones en que las limitaciones del conocimiento por nuestra parte, la de los profesores, influyen negativamente en la resolución del reconocimiento. Por ello en es cualquier caso preferible por parte del profesor definir los espacios del juego en función de aquellos contextos arquitectónicos que mejor concuerden con su conocimientos.

Por último en aquellos casos en que el espacio definido por parte del alumno se establezca más allá de la institución se produce el drama. Aquí la claridad por parte del profesor es fundamental. Dada la incapacidad crítica por parte del alumno para reconocerse en algo de lo que está al margen, el poema del profesor-poeta debe manifestar este hecho con toda su dureza. En algunos casos, la desidia del alumno imposibilita cualquier respuesta. Pero si existe un mínimo de voluntad de aprendizaje por parte del alumno, éste es siempre posible. Y además, precisamente por ello, la labor del profesor será especialmente gratificante.

Todo lo aquí expuesto referente respecto de los tipos de reconocimiento, se incluye en lo anteriormente tratado respecto del objeto de la imitación, los medios utilizados y el modo en que se imita dentro de la estructura de la tragedia.

El profesor debe ser consciente de que todo lo aquí expuesto, respecto no sólo de la construcción del poema pedagógico, sino también de la puesta en escena, de la representación, tiene un gran valor desde el punto de vista del aprendizaje. Hemos dicho anteriormente que la arquitectura afecta al arquitecto en tanto que perteneciente a una institución como al arquitecto en tanto que individuo. Pero el arquitecto, en nuestro caso el aprendiz de arquitecto, pensado como individuo, pone en juego todas sus capacidades. El aprendiz de arquitecto aprende no sólo desde la percepción intelectualizada, sino también desde la percepción en sentido sensorial. Así el profesor debe ser consciente de que en ocasiones un gesto, una mano suspendida describiendo una traza en el aire, contiene tanta información poética como el discuros verbalizado. La impostación de la voz, el recurso a la ironía, al sentido del humor que desdramatiza una situación, una pausa que subraya o enfatiza una frase, la variación de un trazo en la pizarra, todo forma parte de la puesta en escena y se refiere al medio y a la forma de la representación, todo contribuye a hacer verosímil la representación, y en ello, en el efecto estético que ésta produce al espectador, reside su capacidad de transmitir un conocimiento. La enseñanza de la arquitectura es también ella un acto de creación.

A través de ese acto creativo, el profesor consigue que ese alumno, al que hemos definido en principio como espectador, alcance un nuevo papel. El de poeta él tambien. A partir de ese momento el proceso se invierte, el espectador sube al escenario y toma la dirección de la representación; a partir de ese momento es capaz de escribir sus propios poemas, es ya un poeta. Con ello se cierra el ciclo.

NOTAS

99. Op. cit., página 273 y siguientes.
100. H.R. Jauss, op. cit., página 76 y siguientes.
101. Goethe, carta a J.F. Rochlitz, fechada el 13 junio de 1819.
102. Paul Ricoeur. Op. cit,. página 109 y siguientes.
103. Sigmund Freud. *Psicoanálisis del arte*. Madrid, Alianza Editorial, 1973.
104. H.R. Jauss, op. cit., página 75.
105. Marcel Proust. *En busca del tiempo perdido*. París.
106. Fernando Savater. *La infancia recuperada*. Madrid, Alianza Editorial, 1986. La cita lo es de la obra de Georges Bataille *La literatura y el mal*, traducida al castellano por Lourdes Ortiz.
107. Aldo Rossi. Op. cit.
108. Paul Ricoeur. Op.cit.
109. La idea de horizonte en el sentido de fondo sobre el que se recorta el perfil referencial del relato se establece en J. Greymás, "Interpretation theory". *Fort Worth*. Texas Christian university Press, 1976. Página 36 y siguientes.
110. Antón Capitel. "Bankinter" *Revista Arquitectura*,20. Sobre el mismo proyecto ver también la memoria del proyecto en Jano, 54. Barcelona, 1977.
111. Op. cit.
112. Aldo Rossi et alters. *Architecture Rational*. Bruselas. Arxives d'Architecture Moderne, 1978.
113. Rudolf Wittkower. *La arquitectura del Humanismo*. Barcelona, Editorial Gustavo Gili. 1979.
114. J.P. Bonta. Op. cit.
115. Colin Rowe. *Manierismo y arquitectura moderna*. Barcelona, Editorial Gustavo Gili, 1978.
116. Peter Eisenman. "From object to relationship: Giuseppe Terragni, la casa del Fascio". *Casabella*, XXXIV, n. 344, enero 1970.
117. Ver Muntañola *Poética y arquitectura*, op. cit, en la que Muntañola establece las bases para una visión de la arquitectura en tanto que experiencia creativa de estructura similar al poema.

VIII. Poética y aprendizaje

Posibilidad de una enseñanza de la arquitectura

Iniciaba este trabajo cuestionándome sobre la posibilidad de una enseñanza de la arquitectura, enseñanza que no estuviera subordinada a la existencia de un don previo, conocimiento implícito por parte del alumno, adquirido bien por la pura casualidad genética, bien por una educación derivada de la pertenencia a ambientes de buen gusto.

He demostrado que o bien la arquitectura es un conocimiento innato, a modo de órgano mental, en el sentido que Noam Chomsky concede al término, y por tanto siendo órgano mental está en todos los hombre sin distinción, y además es posible desarrollarlo por medio de una experiencia; o bien es un conocimiento adquirido, y por lo tanto sujeto a un proceso de aprendizaje.

En cualquier caso, queda claro que la posibilidad del aprendizaje de la arquitectura sólo viene determinada por la idea de *inteligencia* que es, en último término, la que posibilita el aprendizaje, no sólo de la arquitectura, sino de cualquier campo de conocimiento.

Existe, y no pretendemos en absoluto desmentirlo, un aprendizaje no sólo de la arquitectura, sino especialmente de las disciplinas artísticas, que se genera por mecanismos complejos del inconsciente. Es eso tan intangible que se ha dado en llamarlo *don*. Este tipo de aprendizaje, que existe, no nos interesa pues depende de factores personales, ligados a habilidades y conocimientos implícitos de imposible control. Lo que establecemos es que en cualquier caso y en sujetos capacitados para un aprendizaje en disciplinas científicas, el aprendizaje de la arquitectura en tanto que disciplina artística es posible y depende sólo del interés del alumno por aprender y de la capacidad del profesor para transmitir un conocimiento institucional. Y que dicho conocimiento se basará precisamente en ese grado de aprendizaje inconsciente que el alumno posee.

El aprendizaje de la arquitectura pone en juego capacidades similares al aprendizaje de cualquier otra ciencia, y por tanto depende únicamente de lo que los lingüísticas denominan la *inteligencia general*.

Como consecuencia de esta posibilidad de aprendizaje de las disciplinas artísticas en general y de la arquitectura en particular, resulta que el aprendizaje de algunos de los aspectos del conocimiento de la arquitectura, ligados a aspectos manuales y de habilidad, son también trasmisibles, y por tanto objeto de un aprendizaje. Así nada impide el llegar a un dominio suficiente del dibujo que permita un nivel de expresión suficientemente desarrollado como para permitir una correcta expresión de las "ideas" arquitectónicas de un aprendiz. En la mayoría de las ocasiones, malos dibujos en los proyectos de los alumnos no revelan tanto una incapacidad para representar arquitectura, cuanto para *pensar* arquitectura.

La arquitectura es un tipo de conocimiento que se puede transmitir y por tanto aprender.

Arquitectura, de lo individual a la institución

He establecido la arquitectura como resultado de la interacción entre el individuo y la institución. Para ello he definido la institución en el mismo sentido en el que Ferdinand de Saussure define la idea de *langue*.

Como consecuencia de ello la definición de arquitectura se establece en sentido dinámico, siempre igual a ella misma, pero siempre diferente. Con ello se resuelve al tiempo y desde un punto de vista estructural, la relación siempre difícil entre permanencia y cambio, esencial en cualquier campo de conocimiento. Al mismo tiempo esta relación entre la aportación individual, la *parole* y la dimensión institucional, la *langue*, permite establecer analogías con la estructura del lenguaje, no como una simple comparación término a término, sino como comparación entre ambos sistemas estructurales, especialmente de todo aquello referente a la permanencia y el cambio.

Este sentido abierto de la arquitectura, que se transforma desde ella misma por medio de las aportaciones individuales, permite obviar el siempre difícil problema del academicismo, entendido como ámbito cerrado de conocimiento, que lleva ímplicita su obsolescencia.

Una vez establecida esta visión dinámica de la arquitectura, nos es posible pensar la arquitectura como institución con contenido social. Hemos visto que esa dimensión social de la arquitectura, así entendida, nos permite una visión de la figura del arquitecto, íntimamente relacionada con un contexto, que por ser social es cultural. Por tanto cualquier pedagogía de la arquitectura, debe en primer lugar tener en cuenta el contexto en el que se inscribe.

Al referirnos a esa contextualización en la que una pedagogía de la arquitectura tiene sentido lo hacemos desde una doble vertiente. De un lado el contexto general, es decir la historicidad, en un determinado momento histórico, en la que se inscribe la acción de la arquitectura, por tanto contexto cultural en su dimensión social. De otro lado, el contexto cultural en sentido individual, es decir la cultura del aprendiz de arquitecto, fundamental para proceder a una pedagogía de la arquitectura que permita un diálogo entre culturas.

En esta relación compleja, es cierto, entre el dominio de lo individual y la esfera del individuo, nace la posibilidad de un aprendizaje. Éste es el primer punto a tener en cuenta. Esto no quiere decir que una de las dos culturas, la del individuo o la social, deban imponerse, sino tan sólo que es imprescindible confrontarlas.

En esta confrontación reside el impulso primero de una pedagogía.

Por tanto, podemos concluir que la enseñanza de la arquitectura en particular, y de las disciplinas artísticas en general, participan de un juego, que es un juego estético, que se produce en la frontera entre lo individual y lo colectivo.

De la analogía entre lengua y arquitectura, en tanto que sistemas de transformación, podemos extraer consecuencias, que sin caer en simplificaciones ingenuas permitan poner al día mecanismos críticos de valoración de la aportación que supone un *habla*, para el conjunto de la institución.

De la visión dialéctica y dinámica de la institución permite superar el estrecho marco de referencia que algunos intentos metodológicos parecían imponer a la enseñanza de la arquitectura, especialmente el problema del tiempo de proyecto, por una visión sintética del proceso.

Por tanto y como conclusión establecemos que la arquitectura, al igual que el lenguaje, se estructura alrededor de la relación dialéctica entre institución y uso individualiazado de la misma. Ningún aspecto es más importante que otro, sólo de esa relación de mutua influencia surge la arquitectura.

La arquitectura y la analogía

Establecido que la arquitectura es un sistema de conocimiento en continua transformación, análogamente al mecanismo de evolución que rige para el lenguaje verbal, podemos afirmar que esa interiorización de la Institución, que supone un aprendizaje se produce por medio del mecanismo de la analogía.

La enseñanza de la arquitectura como poética

Esta transmisión del conocimiento por medio de la analogía lleva implícita, por su propia definición, la idea de transformación, basada en la diferencia. Por tanto una enseñanza basada en la analogía asegura no sólo el aprendizaje sino al tiempo la evolución de dicho conocimiento.

Por otra parte, esta posibilidad de una enseñanza institucional supone traspasar la responsabilidad de la transmisión del conocimiento a manos del profesor, que es en último término quien toma la responsabilidad de la pedagogía.

Llegamos así al punto esencial de la enseñanza de la arquitectura, en tanto que enseñanza poética, que supone aceptar que la aportación del profesor es un creación en sí misma, fruto de una actividad que es poética. La enseñanza basada en una estructuración dinámica de la arquitectura, y regida por la analogía, supone una acción por parte del profesor, que se asegura por medio de su acción la posibilidad de una enseñanza. Por tanto esta enseñanza dependerá en su mayor parte de la capacidad pedagógica del profesor-poeta.

Como consecuencia de esta estructuración poética de la enseñanza, hemos demostrado la especificidad del proceso pedagógico de la arquitectura como actividad que requiere por parte del profesor unas capacidades y una preparación que son esencialmente diversas de las puestas en juego para el proceso de producción arquitectónica. La enseñanza de la arquitectura no es, por tanto, un diseñar a la inversa, dando la vuelta el proceso, sino que es una actividad radicalmente distinta.

La analogía permite el paso del dominio de lo individual al dominio de lo colectivo, y en eso radica precisamente un aprendizaje, en dar contenido institucional, público, a una acción individual.

Hemos llegado al final del recorrido con la certeza de que el problema de la pedagogía, y la pedagogía ligada a la arquitectura, supone fundamentalmente un compromiso, que es estético, pues así hemos definido ese juego entre lo individual y lo colectivo, entre lo racional y lo subjetivo, pero que es y será siempre un problema ético.

Esta responsabilidad que es ética, lo es frente a un alumno, ya que no cabe esconderse en una presunta incapacidad por parte de éste que, aunque en ocasiones pueda existir, en la mayoría de casos es consecuencia de un problema de incomunicación entre el conocimiento del profesor y el del alumno. Frente a esto sólo cabe por parte del profesor un mayor esfuerzo por establecer esa comunicación, pues él es en último término quien tiene las claves para producirla, y con ella el *reconocimiento,* y con él un aprendizaje.

Bibliografía

AALTO, ALVAR.– *La humanización de la arquitectura*.– Barcelona.– Editorial Tusquets. 1978.– 84-7223-581-5.–
ACKERMAN, JAMES. *Palladio*.– Madrid.– Editorial Xarait. 1980.– 84-85434-07-2.–
ADORNO, THEODOR.– *Teoría estética*.– Barcelona.– Editorial Orbis. 1983.– 84-7530-455-9.–
ANASAGASTI, TEODORO.– *Enseñanza de la arquitectura: Cultura moderna técnica artística*.– Madrid.– Sucesores de Rivadeneyra. 1925.–
ARGAN, GIULIO CARLO.– *El concepto de espacio arquitectónico*.– Buenos Aires.– Editorial Nueva Visión.1979.–
ARGAN, GIULIO CARLO.– *Walter Gropius y el Bauhaus*.– Buenos Aires.– Nueva Visión. 1977.–
ARISTÓTELES.– *Poética*.– Barcelona.– Editorial Bosch.1977.– 84-7162-596-2.–
ARISTÓTELES.– *Retórica. Poética*.– Barcelona.– Editorial Laia. 1985.– 84-7222-744-8.
ARNELL, PETER.– *Aldo Rossi. Obras y proyectos*.– Barcelona.– Editorial Gustavo Gili. 1986.– 84-252-1271-5.–
AZÚA, FÉLIX.– *Historia de un idiota contada por él mismo*.– Barcelona.– Editorial Anagrama. 1986.– 84-339-1738-2.–
BANHAM, REYNER.– *Bauhaus*.– Madrid.– Alberto Corazón. 1971.–
BARTHES, ROLAND.– *Elementos de Semiología*.– Madrid.– Alberto Corazón. 1971.–
BARTHES, ROLAND.– *Ensayos críticos*.– Barcelona.– Seix Barral. 1964.
BATTINI, E. et alters.– *La didattica del projeto d'architettura in scuola de massa*.– Florencia.– Edizioni CLUSF. 1977.–
BAUDRILLARD, JEAN.– *Génesis ideológica de las necesidades*.– Barcelona.– Cuadernos Anagrama. 1976.– 84-339-0740-9.–
BELLORI.– *Vidas*.– París 1672.–
BENÉVOLO, LEONARDO.– *Historia de la arquitectura moderna*.– Barcelona.– Gustavo Gili. 1974.– 84-252-0797-5.–
BENJAMIN, WALTER.– *L'obra d'art a l'època de la seva reproductibilitat tècnica*.– Barcelona.– Edicions 62. 1983.– 84-297-2076-6.–
BIERSWICH, MANFRED.– *Poetics and linguistics*.– Nueva York.– Linguistics & Literary Styls. 1970.–

BIERWISCH, MANFRED.– *El estructuralismo.*– Barcelona.– Tusquets Editores. 1971.–

BOHIGAS, ORIOL.– *Contra una arquitectura adjetivada.*– Barcelona.– Editorial Seix Barral. 1969.–

BONTA ,JUAN PABLO.– *Sistemas de significación en arquitectura.*– Barcelona.– Gustavo Gili. 1977.– 84-252-0708-8.–

BOOTH, WAYNE.– *Retórica de la ironía.*– Madrid.– Taurus Ediciones. Madrid; 1986.– 84-306-2160-1.–

BOUDON, PHILIPPE.– *Sur l'espace architectural.*– París.– Editorial Dunod. Colección Aspects Urbans. 1971 2-04-000446-7.–

BROADBENT, GEOFFREY.– *Metodología del diseño arquitectónico.*– Barcelona.– Editorial Gustavo Gili.1971.–

BURKE, EDMUND.– *Indagación filosófica de lo Bello y lo Sublime.*– Murcia.– Colegio Aparejadores Murcia. 1985.– 84-505-2401-6.–

CALVESI MAURIZIO et alters.– *Il pensiero critico de Giulio Carlo Argan.*– Roma.– Multigráfica Editrice. 1985.– 88-7597-097-1

CAPITEL, ANTÓN.– "Una obra en el paseo de la Castellana. El edificio Bankinter".– Barcelona.– JANO, 54. Febrero 1978.–

CASARES, JULIO.– *Diccionario ideológico de la Lengua española.*– Barcelona.– Editorial Gustavo Gili. 1956.– 84-252-0126-8.–

CELLERIER, GUY.– *El pensamiento de Piaget.*– Barcelona.– Edicions 62. 1978.– 84-297-1408-1.–

CHOMSKY, NOAM.– *Théories du langage, théories de l'aprentisage.*– París.– Editions du Seuil. 1979.– 2-02-006093-0.–

COLQUHOUN, ALAN,– *Arquitectura Moderna y cambio histórico.*– Barcelona.– Gustavo Gili. 1978.– 84-252-0722-3.–

DAL CO, FRANCESCO.– "The house of dreams and memories".– Milan.– LOTUS, 35. 1982/II.–

DAL CO, FRANCESCO.– "Now this is lost".– Milan.– LOTUS, 25. 1979/IV.–

DORFLES, GILLO.– *Nuevos mitos, nuevos ritos.*– Barcelona.– Editorial Lumen; 1969.– 84-264-1047-2.–

DU BOSS, ABBÉ.– *Reflexiones sobre la poesía y la pintura.*– París. 1755.–

DURAND, J.N.L.– *Compendio de lecciones de Arquitectura.*– Madrid.– Editorial Pronaos. 1981.– 84-85941-00-4.–

ECO, UMBERTO.– *La estructura ausente.*– Barcelona.– Editorial Lumen 1968.– 84-264-1076-6.–

ECO, UMBERTO.– *El nombre de la rosa.*– Barcelona.– Lumen. 1982.– 84-264-1148-7.–

ECO, UMBERTO.– *La definición del Arte.*– Barcelona.– Planeta Agostini. 1985.– 84-395-0104-8.–

EISENMAN, PETER.– "The futility of objects".– Milán.– *LOTUS*, 42. 1984/III.–

FERNANDEZ ALBA, ANTONIO.– "Ideología y enseñanza de la arquitectura en España contempora".- Madrid.– Editorial Tucar. 1975.–

FERRATER MORA, JOSÉ.– *Diccionario de Filosofía.*– Buenos Aires.– Edhasa- Hispaano Americana. 1976.– 84-350-0141-5.–

FERRATER MORA, JOSÉ.– *Diccionario de grandes filósofos.*– Madrid.– Alianza Editorial; 1986.– 84-206-9821-0.–

FORTIER, BRUNO.– "Public space and civil society".– Milán.– *LOTUS*, 24. 1979/III.–

FRAMPTON, KENNET.– "Notes on american architecture education".– Milán.– *LOTUS*, 27.1980/II.–

FRAMPTON ,KENNET.– *Historia crítica de la arquitectura moderna.*– Barcelona.– Gustavo Gili. 1981.–84-252-1051-8.–

FRANKL, PAUL.– *Principios fundamentales de la arquitectura.*– Barcelona.– Editorial Gustavo Gili. 1981.–84-252-1054-2.–

FREUD SIGMUND.– *Psicología del Arte.*– Madrid.– Alianza Editorial. 1970.– 84-206-1224-3.–

FRYE NORTHROP.– *El camino crítico.*– Madrid.– Taurus Ediciones. Madrid; 1986.–

FUMAGALLI PAOLO.– *Une réaction chimique qui ne se produit pas.*– Laussane.– *WERK, BAUEN + WOHNEN*, 7/8. 1986.–

FUSCO, RENATO de.– *La idea de arquitectura.*– Barcelona.– Editorial Gustavo Gili. 1976.-84-252-0617-0.–

GAILHABAUD, JULES.– *Cahiers d'instructions.*– París.– Librarie Archeologique. 1846.–

GHYKA, MATILA.– *El número de oro.*– París.– Poseidón. 1967.– 84-85083-11-3.–

GHYKA, MATILA.– *Estética de las proporciones en la Naturaleza.*– Buenos Aires.– Poseidón, 1953.– 84-85083-06-7.–

GIEDION, SIGFRIED.– *La arquitectura: fenómeno de transición.*– Barcelona.– Editorial Gustavo Gili.1975.– 84-252-0845-9.–

GIEDION, SIGFRIED.– *Espace, temps et architecture.*– Bruxelas.– Connaissance. 1968.–

GILI GAYA, SAMUEL.– *Diccionario de la lengua Española.*– Barcelona.– Biblograf. 1980.–

GOMBRICH ,ERNST.– *El sentido del orden.*– Barcelona.– Gustavo Gili. 1980.– 84-252-1011-9.–

GOMBRICH, ERNST.– *Imágenes Simbólicas.*– Madrid.– Alianza Editorial. 1983.– 84-206-7034-0.–

GOMBRICH, ERNST.– *Norma y forma.*– Madrid.– Alianza Editorial. 1984.– 84-206-7039-1

GRASSI, GIORGIO.– *La arquitectura como oficio.*– Barcelona.– Editorial Gustavo Gili. 1980.– 84-252-0992-7.–

GRASSI, GIORGIO.– "Museum and place of memory".– Milán.– LOTUS, 42.1984/II.–

GRASSI, GIORGIO.– "The old and the new".– Milán.– *LOTUS*, 32. 1979/IV.–

GRASSI, GIORGIO.– "Scena fissa".– Milán.– *LOTUS*, 46. 1985/II.–

GRASSI, GIORGIO.– "The old and the new".– Milán.– *LOTUS*, 32; 1981/III.–

GRASSI, GIORGIO.– "Scena fissa".– Milán.– *LOTUS*, 46; 1985/II.–

GREGOTTI, VITTORIO.– *El territorio de la arquitectura.*– Barcelona.– Gustavo Gili. 1972.–

HEGEL G.W.F.– *Introducción a la estética.*– Barcelona.– Edicions 62. 1971.– 84-297-0886-3.–

HEGEL G.W.F.– *La arquitectura.*– Barcelona.– Editorial Kairós. 1981.– 84-7245-129-1.–

HEJDUK JOHN.– "Berlin masque".– Milán.– *LOTUS*, 33. 1981/IV.–

JAKOBSON, ROMAN.– *Ensayo de lingüística general*.– Barcelona.– Editorial Agostini.1985.-84-395-0105-6.–

JAKOBSON, ROMAN.– *Lingüística y poética*.– Barcelona.– Editorial Cátedra.1981.– 84-376-0296-3.–

JAUSS, HANS ROBERT.– *Experiencia estética y hermeneútica literaria*.– Madrid.– Taurus Ediciones. Madrid. 1986.-84-306-2167-9.–

JENCKS, CHARLES.– *El significado en arquitectura*.– Madrid.– Editorial Blume; 1975.– 84-7214-072-5.–

JOEDICKE, JURGEN.– *Arquitectura Contemporánea*.– Barcelona.– Gustavo Gili. 1970.–

JUNG, C.G.– *Teoría del Psicoanálisis*.– Barcelona.– Plaza y Janés Rotativa. 1969.–

KANDINSKY, WASILY.– *Punto y línea sobre el plano*.– Barcelona.– Barral editores. 1970.– 84-211-7153-4.–

KANDINSKY, WASILY.– *Cursos de la Bauhaus*.– Madrid.– Alianza editorial. 1983.– 84-206-7011-1.–

KAUFFMAN, EMIL.– *La arquitectura de la Ilustración*.– Barcelona.– Gustavo Gili. 1974.– 84-252-0816-5.–

KLEE PAUL.– *Bosquejos pedagógicos*.– Caracas.– Monte Avila Editores.1974.–

KLEIHUES, JOSEF.– "Restoration, expansion, reconstruction".– Milan.– LOTUS, 32; 1981/III.–

KLEIHUES, JOSEPH PAUL.– *La ricostruzione de la cittá*.– Milán.– Electa Editrice. 1985.–

KUNDERA, MILAN.– *La vida está en otra parte*.– Barcelona.– Seix Barral. 1985.– 84-322-0444-

LEQUEU, JEAN NICOLÁS.– *Fragments d'un discours amoureux*.– Milán.– *LOTUS*, 16. 1977/III.–

LEVI-STRAUSS, CLAUDE.– *Mito y significado*.– Madrid.– Alianza Editorial. 1987.– 84-206-0228-0.–

LLORENS, TOMÁS.– *Hacia una psicología de la arquitectura*.– Barcelona.– Colegio Arquitectos de Catalunya. 1973.-84-7080-403-0.–

LOOS, ADOLF.– *Ornamento y delito*.– Barcelona.– Gustavo Gili. 1972.–

LYOTARD, JEAN FRANÇOIS.– .*Discurso y figura*.– Barcelona,– Editorial Gustavo Gili; 1979.-84-252-0913-7.–

LÁZARO CARRETER, FERNANDO.– *Estudios de poética*.– Madrid.– Taurus Ediciones. 1986.– 84-306-2095-8.–

MALINOWSKY, BRONISLAW.– *Una teoría científica de la cultura*.– Madrid.– Editorial Sarpe. 1984.– 84-7291-669-3.–

MARCHÁN, FIZ SIMÓN.– *Del arte objetual al arte de concepto*.– Madrid.– Ediciones Akal. 1986.– 84-7600-105-3.–

MEYER, HANNES.– *El arquitecto en la lucha de clases*.– Barcelona.– Editorial Gustavo Gili. 1972.–

MIES VAN DER ROHE, LUDWIG.– *Diálogos y escritos*.– Murcia.– Colegio Aparejadores. 1981.-84-500-5001-4.–

MILLER LANE, BÁRBARA.– *Architecture & Politics in Germany*.– Harvard.– Harvard College; 1968.–

MONEO, RAFAEL.– "The work of John Hejduk or the pasion to teach".– Milán.– *LOTUS*, 27.1980/II.–

Moneo, Rafael.– "Sobre un intento de reforma didáctica".– Madrid.– *ARQUITECTURA*, 61, Enero 1964.–

Moneo, Rafael.– *Dibujos de 20 arquitectos*.– Barcelona.– ETSAB. 1975.–

Moneo, Rafael.– "The Logroño Town Hall".– Milán.– *LOTUS*, 33. 1981/IV.–

Moneo, Rafael.– *Aldo Rossi* (Epílogo).– Barcelona.– Editorial Gustavo Gili. 1986.– 84-252-1271-5.–

Monod, Jacques.– *El azar y la necesidad*.– Barcelona.– Tusquets Editores. 1985.-84-7223-600-5.–

Moore, Charles.– *La casa: forma y diseño*.– Barcelona.– Editorial Gustavo Gili. 1976.– 84-252-0638-3.–

Mounin, Georges.– *Introducción a la semiótica*.– Barcelona.– Anagrama. 1972.–

Muntaner i Martorell, Josep M.– *Analisi al procés de transformació del cos de coneixements de l'arquitectura catalana*.– Barcelona.– Tesis Doctoral. Escola d'Arquitectura de Barcelona. 1983.–

Muntañola Thornberg, Josep.– *Poética y arquitectura*.– Barcelona.– Cuadernos Anagrama. 1981.– 84-339-0065-X.–

Muntañola Thornberg, Josep.– *Topogénesis III*.– Vilassar de Mar (Barcelona).– Editorial Oikos Tau. 1980.– 84-281-0449-2.–

Muntañola Thornberg Josep.– *Topogénesis I*.– Vilassar de Mar (Barcelona).– Editorial Oikos Tau. 1979.– 84-281-0408-5.–

Muntañola Thornberg, Josep.– *Topogénesis II*.– Vilassar de Mar.(Barcelona).– Editorial Oikos Tau. 1979.–84-281-0420-4.–

Muntañola Thornberg, Josep.– *Topos y logos*.– Barcelona.– Editorial Kairós. 1978.– 84-7245-092-9.–

Muntañola Thornberg, Josep.– *Poética y Arquitectura*.– Barcelona.– Anagrama. 1981.– 84-339-0065-X.–

Muntañola Thornberg, Josep.– *La arquitectura como lugar*.– Barcelona.– Gustavo Gili. 1974.– 84-252-0813-0.–

Muntañola Thornberg, Josep.– *L'ensenyament de l'arquitectura: recull de textos*.– Barcelona.– Escola d'arquitectura de Barcelona. 1986.– D.L.B-10806-86.–

Norberg-Schulz, Christian.– *Intenciones en Arquitectura*.– Barcelona.– Gustavo Gili. 1979.– 84-252-0939-0.–

Palladio.– *Les quatre livres de l'architecture*.– París.– Editions Arthaud. 1980.– 2-7003-317-2

Pancorbo, Luis.– *Ecoloquios con Umberto Eco*.– Barcelona.– Anagrama. 1977.– 84-339-0748-4.–

Panofsky, Erwin.– *La perspectiva como valor simbólico*.– Barcelona.– Tusquets Editores. 1973.– 84-7223-031-7.–

Pevsner, Nikolaus.– *Las academias de arte*.– Madrid.– Ediciones Cátedra.1982.– 84-376-376-5

Pevsner, Nikolaus.– *Historia de las tipologías arquitectónicas*.– Barcelona.– Gustavo Gili. 1979.– 84-252-0915-3.–

Pevsner, Nikolaus.– *Orígenes de la arquitectura moderna y del diseño.*– Barcelona.– Editorial Gustavo Gili. 1969.–

Peña Velasco, Concepción.– *Aspectos biográficos de Diego Rejón de Silva.*– Murcia.– Consejería de Cultura, Ayto. Murcia. 1985.– 84-600-4169-7.–

Piaget, Jean.– *Seis estudios de psicología.*– Barcelona.– Barral editores. 1973.–

Piaget, Jean.– *Lógica y psicología.*– Buenos Aires.– Solpin SA. 1977.–

Piaget, Jean.– *Psicología y epistemología.*– Barcelona.– Editorial Ariel. 1971.-84-344-0707-8.–

Piatelli Palmarini, Massimo.– *Théories du langage, théories du aprentisage.*– París.– Editions du Seuil; 1979.– 2-02-005273-3.–

Piñón, Helio.– *Arquitecturas catalanas.*– Barcelona.– La Gaya ciencia. 1977.– 84-7080-028-0.–

Piñón, Helio.– *Reflexión histórica de la arquitectura moderna.*– Barcelona.– Ediciones Península. 1981.-84-297-1746-3.–

Piñón, Helio.– Tesis Doctoral.– Barcelona.– Escuela Arquitectura de Barcelona. 1972.–

Platón.– *Apología de Sócrates. Critón.*– Barcelona.– Editorial Orbis-Labor. 1984.– 84-7530-531-8.–

Platón.– *El Banquete. Fedón. Fedro.*– Barcelona.– Editorial Orbis-Labor. 1984.-84-7530-394-3.–

Poe, Edgard Alan.– *Marginalia.*– Nueva York.– Nueva York. 1857.–

Pons Roca.– *Introducción a la gramática.*– Barcelona.– Editorial Teide. 1960.–

Porphirios, Demetry.– "Clasicism is not a Style".– Milán.– *LOTUS*, 33.1981/IV.–

Porphirios Demetry.– "Reversible faces".– Milán.– *LOTUS*, 16. 1977/III.–

Portoghesi, Paolo.– *Después de la arquitectura moderna.*– Barcelona.– Editorial Gustavo Gili. 1981.– 84-252-1079-8.–

Prieto, Luis.– *Pertinencia y práctica.*– Barcelona.– Gustavo Gili. 1960.– 84-252-0672-3.–

Purini, Franco.– Arquitectura didáctica.– Murcia.– Colegio de aparejadores. 1984.– 84-505-0898-3.–

Quaroni, Ludovico.– Proyectar un edificio. Ocho lecciones de arquitectura.– Madrid.– Xarait ediciones. 1980.– 84-85434-09-9.–

Quatremere de Quincy.– *De l'Imitation.*– Bruselas.– Arxives de architecture Moderne. 1980.–

Reichlin, Bruno.– *Evocative passion.*– Milán.– *LOTUS*, 32; 1981/III.–

Rejón de Silva, Diego Antonio.- *La pintura. Poema didáctico en tres cantos.*– Murcia.– Colegio Aparejadores de Murcia. 1985.– 84-600-4170-0.–

Rejón de Silva, Diego Antonio.- *Diccionario de nobles artes para la instrucción de profesores.*– Murcia.– Colegio Aparejadores de Murcia. 1985.– 84-600-4172-

Richard, Lionel.– Le Bauhaus. Un école des enseignements.– París.– Centre National Documentation Pedagogique. 1985.–

Rickey, George.– *Constructivism.*– Londres.– Studio Vista Ltd.; 1968.–

Ricoeur, Paul.– *Temps et Récit. Vol I.*– París.– Editions du Seuil. 1983.– 2-02-006365-4

Ricoeur, Paul.– *Temps et Récit. Vol II.*– París.– Editions du Seuil. 1984.– 2-02-006963-6

Ricoeur, Paul.– *Temps et Récit. Vol III.*– París.– Editions du Seuil. 1985.– 2-02-008981-5.–

RICOEUR, PAUL.– *La metaphore vive.*– París.– Editions du Seuil. 1975.– 2-02-002749-6.–
RIEGL, ALOIS.– *Problemas de estilo.*– Barcelona.– Gustavo Gili. 1980.– 84-252-0971-4.–
ROH, FRANZ.– *Realismo Mágico.*– Madrid.– Revista de Occidente. 1927.–
ROSSI, ALDO.– *Autobiografía científica.*– Barcelona.– Editorial Gustavo Gili. 1981.– 84-252-1176-X.–
ROSSI, ALDO.– *La arquitectura de la ciudad.*– Barcelona.– Gustavo Gili. 1971.–
ROSSI, ALDO.– *Para una arquitectura de tendencia.*– Barcelona.– Gustavo Gili. 1975.– 84-252-0656-1.–
ROSSI, CLELIA.– *Arquitectura como semiótica.*– Buenos Aires.– Nueva Visión. 1977.–
ROWE, COLIN.– "Architectural education in USA".– Milán.– *LOTUS*, 27. 1980/II.–
ROWE, COLIN.– *Manierismo y arquitectura moderna.*– Barcelona.– Editorial Gustavo Gili. 1978.– 84-252-0723-1.–
RUBERT DE VENTÓS, XAVIER.– *La estética y sus herejías.*– Barcelona.– Cuadernos Anagrama. 1974.– 84-339-0028-5.–
RUBERT DE VENTÓS, XAVIER.– *Utopías de la sensualidad: métodos del sentido.*– Barcelona.– Cuadernos Anagrama. 1973.– 84-339-0359-4.–
RUSELL, BERTRAND.– *El conocimiento humano.*– Barcelona.– Editorial Orbis-Labor. 1983.– 84-7530-416-8.–
RYKWERT, JOSEPH.– *Los primeros modernos.*– Barcelona,– Editorial Gustavo Gili; 1982.– 84-252-1057-7.–
SAMONÁ, ALBERTO.– "Relazione fra idee sull'architettura e didattica architettura".– Boloña.– *PROBLEMI D'ARCHITETTURA*, 3. 1974.–
SAMONÁ, GIUSEPPE.– "Teoría de la proyectación arquitectónica".– Barcelona.– Editorial Gustavo Gili.1971.–
SAN AGUSTÍN.– *Soliloquis.*– Barcelona.– Editorial Laia. 1984.–
SAUSSURE, FERDINAND.– *Curso de lingüística general.*– Buenos Aires.– Editorial Losada.1970.–
SAVATER, FERNANDO.– *La infancia recuperada.*– Madrid.– Alianza Editorial. 1986.- 84-206-0176-4.–
SAVI, VITTORIO.– "The Aldorosian Cemetery".– Milán.– *LOTUS*, 38; 1983/II.–
SCHILLER, FRIEDRICH.– *Cartes sobre l'educació estètica de l'home.*– Barcelona.– Editorial Laia.1983.– 84-7222-727-8.–
SCOLARI, MASSIMO.– "The denied mode"I.– Milán.– *LOTUS*, 32. 1981/III.–
SCULLY, VINCENT.– *Aldo Rossi* (Prólogo).– Barcelona.– Editorial Gustavo Gili. 1986.– 84-252-1271-5.–
SLUTZKY, ROBERT.– "Introduction to Cooper Union".– Milán.– *LOTUS*, 27. 1980/II.–
SOLÁ MORALES, IGNASI.– *Eclecticismo y Vanguardia.*– Barcelona.– Gustavo Gili. 1980.– 84-252-0987-0.–
SOLÁ MORALES, IGNASI.– "From memory to abstraction".– Milán.– *LOTUS*, 33. 1981/IV.–
SOLÁ MORALES, IGNASI.– "Dal contrasto all'analogía".– Milán.– *LOTUS*, 46. 1985/II.–
SOLÁ MORALES, IGNASI.– "Support Surface".– Milán.– *LOTUS*, 35; 1982/II.–

STIRLING, JAMES.- "Institutional characters and metaphorical langage".- Milán.- *LOTUS*, 25. 1979/IV.-

SZAMBIEN, WERNER.- "Regular architecture".- Milán.- *LOTUS*, 32. 1981/III.-

TAFURI, MANFREDO.- *Teorías e historia de la arquitectura*.- Barcelona.- Editorial Laia.1972.- 84-7222-451-1.-

TAFURI, MANFREDO.- *Arquitectura Contemporánea*.- Madrid.- Editorial Aguilar. 1978.- 84-03-33027-8.-

TAFURI, MANFREDO.- A theatre a fountain of the Sil, a pretty hill.- Milán.- *LOTUS*, 42. 1984/II.-

TAFURI, MANFREDO.- "The subject and the mask".- Milán.- *LOTUS*, 20. 1978/III.-

TAFURI, MANFREDO.- *La arquitectura del humanismo*.- Madrid.- Xarait Editores. 1978.- 84-85434-03.-

TAFURI, MANFREDO.- *La esfera y el laberinto. Vanguardia y arquitectura*.- Barcelona.- Gustavo Gili. 1984.- 84-252-1171-9.-

TAFURI, MANFREDO.- *De la vanguardia a la metrópoli*.- Barcelona.- Gustavo Gili. 1972.-

TEDESCHI, ENRICO.- *Teoría de la arquitectura*.- Buenos Aires.- Editorial Nueva visión.1973.-

TERRAGNI, GIUSEPPE.- *Manifiestos, memorias, borradores y polémicas*.- Murcia.- Colegio Aparejadores. 1982.- 84-500-5210-6.-

TEYSSOT, GEORGES.- "Mimesis".- Milán.- *LOTUS*, 32.1981/III.-

TRÍAS, EUGENIO.- *El artista y la ciudad*.- Barcelona.- Editorial Anagrama. 1976.-

TRÍAS, EUGENIO.- *Drama e identidad*.- Barcelona.- Editorial Ariel. 1974.- 84-344-1016-8.-

TRÍAS, EUGENIO.- *La memoria perdida de las cosas*.- Madrid.- Taurus Ediciones. 1978.- 84-306-1158-4.-

TEYSSOT GEORGES.- "Fragments of a funerary discourse".- Milán.- *LOTUS*, 38. 1983/II.-

UNGERS, OSWALD MATHIAS.- "Archive of the collective memory".- Milán.- *LOTUS*, 24. 1979/IV.-

UNGERS, OSWALD MATHIAS.- "The doll within the doll".- Milán.- *LOTUS*, 32. 1981/III.-

VAN DOESBURG, THEO.- *Principios del nuevo arte plástico y otros escritos*.- Murcia.- Colegio Aparejadores.1985.- 84-505-2399.-

VASARI, GIORGIO.- *Vidas de artistas*.- Milán.- 1550.-

VENTURI, LIONELLO.- *Historia de la crítica de arte*.- Barcelona.- Editorial Gustavo Gili.1979.- 84-252-0955-2.-

VENTURI, ROBERT.- *Complejidad y contradicción en la arquitectura*.- Barcelona.- Editorial Gustavo Gili.1972.-

VIDLER, ANTHONY.- "The hut and the body".- Milán.- *LOTUS*, 33. 1981/4.-

VIDLER, ANTHONY.- *La epífane di Proteo*.- Venecia.- Rabellato Editori; 1983.-

VITALI, DANIELE.- "Inventions, translations analogies".- Milán.- *LOTUS*, 25.1979/IV.-

VITALI, DANIELE.- "Rafael Moneo, architect".- Milán.- *LOTUS*, 33; 1981/IV.-

VITRUVIO.- *De Architectura*.- Valencia.- Editorial Albatros. 1978.- 84-7274-032-3.-

WEINBERG, BERNARD.- *From Aristotle to pseudo-Aristotle*.- Spring (Colorado).- Comparative Literature.1953.-

Wick, Rainer. *Pedagogía de la Bauhaus*.- Madrid.- Ediciones Alianza Forma; 1986.-84-206-7054-5.-

Wimsatt, W.K. .- *The verbal icon*.- Lexington.- Lexington press; 1954.-

Wingler Hans.- *La Bauhaus*.- Barcelona.- Gustavo Gili. 1979.-

Wittkower, Rudolph.- *Arte y arquitectura en Italia. 1600-1750*.- Madrid.- Editorial Cátedra. 1979.- 84-376-0177-0.-

Wolfe, Tom.- *¿Quién teme al Bauhaus feroz?*.- Barcelona.- Editorial Anagrama. 1983.-

Worringer, Wilhemm.- "Abstracció i empatía".- Barcelona.- Edicions 62. 1987.- 84-297-2562-8.-

Zenghelis, Elia.- "Style and Ideology".- Milán.- *LOTUS*, 25.1979/IV.-

www.ingramcontent.com/pod-product-compliance
Lightning Source LLC
Chambersburg PA
CBHW080249170426
43192CB00014BA/2617